OHSAMA BUNKO

眠れないほどおもしろい「聖書」の謎

並木伸一郎

三笠書房

はじめに――おもしろすぎる『聖書』の謎に迫る本！

世界中で最も読まれている本、『聖書』。

その発行部数は三千八百八十億部にも及び、キリスト教とユダヤ教の正典として、実に二千五百八の言語に翻訳されている。

そんな**空前絶後の大ベストセラーである聖書**には、天地創造、アダムとイブ、ノアの方舟、モーセの出エジプトと葦《あし》の海の奇跡、バビロン捕囚から、処女懐胎、東方の三博士の来訪、最後の晩餐、イエスの磔刑と復活など、誰もが一度は聞いたことのあるエピソードが満載である。

そう、**聖書は〝おもしろい〟**。

そこには、人類史上最高にドラマチックな物語、謎に満ちた預言の数々が詰め込まれているのである。

これまで名だたる文学、絵画、彫刻、音楽が聖書を題材にとってきた。オスカー・

ワイルドの戯曲『サロメ』、ミケランジェロの彫刻『ダビデ像』や『ピエタ』、ラファエロの絵画『聖母子像』、バッハ作曲の『マタイ受難曲』など、枚挙にいとまがない。

また近年、世界的に大きな話題を読んだ小説『ダ・ヴィンチ・コード』でも、ダ・ヴィンチの傑作『最後の晩餐』や、磔刑に処されたイエスの血を受けたとされる「聖杯伝説」の謎ときがモチーフになっていたことは、あなたもご存じだろう。

聖書の知識があれば、こうした作品の背景や、そこにこめられた意味がわかり、より深く味わうことができるのだ。

また、聖書がわかれば、ユダヤ人にとってなぜ「イスラエル建国」が悲願であったのか、イスラエル対アラブ諸国、キリスト教世界対イスラム教世界といった「文明の衝突」の歴史的な背景がわかり、**世界を見る目も深まる**だろう。


このように、欧米や中東の文化、歴史、また現代社会にも大きな影響力を持つ聖書だが、「正典」として認められている文書の他にも、「外典《がいてん》、偽典《ぎてん》」と呼ばれる、正典から除外された**「封印された」文書群**が多数、存在している。

たとえば有名なものでは、二十世紀最大の発見と言われる「死海文書」の中にも、そうした重要な文書がある。イスラエルの死海北西のクムランにある洞窟から発見されたこの「死海文書」には、これまでの聖書の通説を覆す、衝撃的な内容が記されているのだ。

さらに、神秘は書物の中のみにとどまらない。トルコのアララト山中でノアの方舟らしき巨大な物体や、世界各地で血の涙を流すキリスト像、聖母マリア像が見つかるなど、**聖書にまつわる不思議な発見や奇跡が、時空を超えた現代にも起きているの**である。

本書では、まず聖書の成り立ちやあらすじをわかりやすく紹介し、それらを踏まえた上で、聖書に秘められた真実をたっぷりと味わえるようにした。

まさに〝**眠れないほどおもしろい**〟**聖書の世界**。その神秘のヴェールを、今取り去ろう。

最後まで、じっくりとご堪能いただければ幸いである。

並木伸一郎

目次

2章

意外なエピソードも満載!『新約聖書』のあらすじ

……なぜキリスト教は「世界宗教」に脱皮できたのか

3章 『聖書』がわかれば、世界がわかる！

……歴史、名画、音楽を「見る目」が深くなる

4章

裏聖書に「封印された」驚きの真実

……「正典」では絶対に認められないエピソード!

5章

『聖書』をめぐるミステリアスな話

……今も世界中で起きている「不思議」と「奇跡」

編集協力 宇都宮ゆう子 川上純子
写真提供 ロイター＝共同／ＵＰＩ＝共同、ＰＰＳ通信社、並木伸一郎事務所

『聖書』物語の舞台

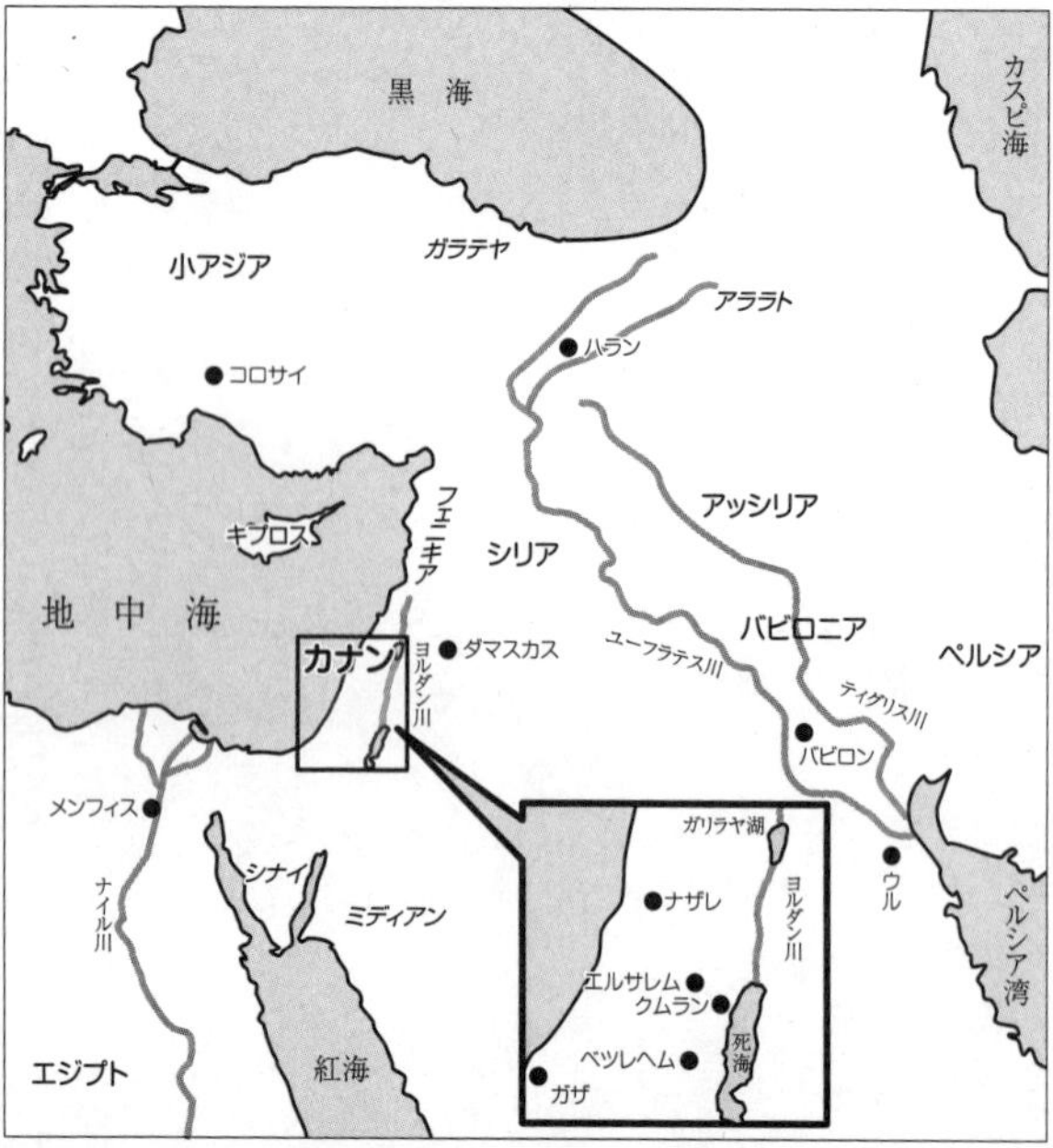

『聖書』の物語の中心となる舞台は、地中海とヨルダン川・死海に挟まれた地域、「カナン」である。聖書では、「乳と蜜の流れる土地」とも描写される。
『旧約聖書』におけるアブラハムと神との契約で、このカナンの地がイスラエルの民に与えられたのが全ての始まりだ。それ以降、イスラエル人は約束の地・カナンを目指して、長きにわたり受難に耐えることになるのである。
また『新約聖書』においても、イエス・キリストが宣教を行ない磔刑に処されたのは、カナンにあたる地域でのことである。

プロローグ

なぜ『聖書』には「新約」と「旧約」があるのか

1 『聖書』とは「神」と「人間」との〝契約の書〟

海外の企業と取り引きをする際、外国人と日本人との〝契約に対する考え方〟の違いが大きな障壁になるとは、よく聞く話だ。

以前、商社に勤めている友人が、こうぼやいていた。

「たった数百万円の取り引きで、二百枚以上の契約書に目を通さなくちゃいけない。頭がおかしくなるよ」

こんな話は特別なケースではないし、ビジネスに限った話でもない。

たとえば欧米には「婚前契約」なるものがあるという。結婚する前に、これから始まる二人の生活について、権利や義務などをこと細かに取り決め、果ては離婚する場合の条件や親権、財産分与にまで話は及ぶというのだ。

「契約」――。それは、キリスト教、ユダヤ教、イスラム教など「一神教」を信じる人々を理解するために欠かせない、重要キーワードである。

なぜなら、彼らの思想、文化の根底にある『聖書』こそ、唯一神である「神」と「人間」との間の「契約書」だからだ。

『新約聖書』と『旧約聖書』はどう違うのか

聖書には『旧約聖書』と『新約聖書』の二つがある。「旧約」「新約」とは、「古い契約」「新しい契約」という意味だ。

旧約聖書は、**古代イスラエルの預言者アブラハム**や**モーセ**などを仲介とする「イスラエル民族」と「神」との間で結ばれた契約だ。**神から与えられた掟である「律法」を守るならば、神は彼らを繁栄へと導く**、という内容になっている。旧約聖書を読むと、「律法」を守らないイスラエルの人々に対して、神は過酷な試練を与えているのが印象的だ。

一方、新約聖書は、「神の子」である**救世主イエス**の死と復活によって「神」と

「全ての民（人間）」の間に和解が成立するという契約だ。この新しい契約では、「**律法を守る**」**ことよりも**「**神への信仰**」「**隣人を愛すること**」**が重視**された。

なお、「新約」「旧約」という分け方は、キリスト教の視点に立ったもので、キリスト教ではこの二つを正典としているが、ユダヤ教は「新約」を正典として認めていない。「新約」はキリスト教オリジナルの正典なのである。

また後述するが、イスラム教でも「旧約」「新約」の中の一部の文書が正典と位置づけられ、モーセ、イエスは、イスラム教の開祖であるムハンマドに先立つ「五大預言者」の一人とされている。

2　ユダヤ人の歴史書でもある『旧約聖書』

旧約聖書は、古代イスラエル人と、その子孫であるユダヤ人によって、紀元前四世紀までにヘブライ語、アラム語（古代メソポタミアで使われた言語）で書かれたと言われている。

その中には、私たちがよく知る「天地創造」などの古代イスラエルの神話をはじめ、律法書、預言書（神からの啓示が記された書）、詩や知恵文学などの三十九巻から構成されている。

この旧約聖書を行動規範とし、唯一神である「ヤハウェ」を信仰するのが、ユダヤ教である。ユダヤ教で聖書と言えば、この旧約聖書を指す。その内訳は以下のとおりである。

モーセ五書【創世記、出エジプト記、レビ記、民数記、申命記】

「天地創造」からアダムとイブの「失楽園」、ノアの方舟など、有名な話が数多く書かれている（「創世記」）。モーセがシナイ山で神から「十戒」を授かったいきさつや、イスラエルの民を引き連れてエジプトから約束の地「カナン」を目指す旅（「出エジプト記」）の道程なども、詳しく描かれている。

歴史書【ヨシュア記、士師記、ルツ記、サムエル記（上下巻）、列王記（上下巻）、歴代誌（上下巻）、エズラ記、ネヘミヤ記、エステル記】

「モーセ五書」に続くイスラエル民族の歴史が書かれている。イスラエルの民がカナンへ入り、さまざまな苦難の末にイスラエル王国が誕生。そしてダビデ王、ソロモン王の治世、北イスラエル王国と南ユダ王国の滅亡などが著されている。当時のイスラエルの民の暮らしなども知ることができる。

知恵文学【ヨブ記、詩編、箴言、コヘレトの言葉、雅歌】

古代イスラエル人の人生訓や格言、神への賛美が、詩歌や名言集として書かれている。「雅歌」は恋愛の歌を集めたもので、ソロモン王が作ったとも言われている。

大預言書【イザヤ書、エレミヤ書、哀歌、エゼキエル書、ダニエル書】

神の言葉を聞いた預言者たちによる物語。エルサレムの滅亡や、バビロン捕囚から帰還する際の神の意向、イエスの出現を預言する「謎めいた文書」が残されている。

小預言書【ホセア書、ヨエル書、アモス書、オバデヤ書、ヨナ書、ミカ書、ナホム書、ハバクク書、ゼファニヤ書、ハガイ書、ゼカリヤ書、マラキ書】

大預言書よりも短くまとめられた、紀元前に活躍した預言者たちの言葉と物語。神から人々への警告や、神との問答などが書かれている。

つまり旧約聖書は、神が創った地上で人間が繁栄と没落を繰り返す中、**「神との契約」と「約束の地カナン」を守るため、イスラエルの民が王国を建国する物語**である。

神の言葉を聞き、さまざまな苦難を乗り越えながら生きていく、古代イスラエルの民の歴史書であり思想書なのである。

3 イエスの一生と、その教えが書かれた『新約聖書』

一方、新約聖書は、ギリシア語で書かれた、キリスト教固有の正典である。キリスト教は「唯一神である神と契約を結ぶ」というユダヤ教の考えを引き継いで誕生し、現在世界中に二十億人の信徒を擁する。

イエス・キリストは、ナザレに生まれたユダヤ人であり、その意味でキリスト教はユダヤ教から派生した宗教と言える。

新約聖書はキリストの言葉や奇跡を、彼の死後に弟子たちがまとめたもので、前述したとおり、キリスト教では、この新約聖書と旧約聖書の両方を「正典」と呼んでいる。

その内容は、人類の救世主（メシア）として誕生し、贖罪《しょくざい》のために十字架にかけられ、復活したイエスの生涯と、その教え、弟子たちによる手紙などが、二十七巻の書から構成されている。その内訳はこうである。

福音書【マタイによる福音書、マルコによる福音書、ルカによる福音書、ヨハネによる福音書】

聖母マリアの受胎告知、神の子であるイエスの誕生から死、そして復活までの言行録、イエスが起こした奇跡や教えが書かれている。新約聖書の中心的な文書群である。

歴史書【使徒言行録】

「ルカによる福音書」の続編と言える書物で、イエス亡き後の弟子たちの活動などが書かれている。

パウロ書簡【ローマの信徒への手紙、コリントの信徒への手紙①②、ガラテヤの信徒への手紙、エフェソの信徒への手紙、フィリピの信徒への手紙、コロサイの信徒への手紙、テサロニケの信徒への手紙①②、テモテへの手紙①②、テトスへの手紙、フィレモンへの手紙】

伝道の途中で、使徒パウロが書いた手紙をまとめた書簡集。イエスの教えや使徒パウロの言葉だけでなく、使徒としてのあり方やその土地でのできごとが記されている。

公同書簡【ヘブライ人への手紙、ヤコブの手紙、ペトロの手紙①②、ヨハネの手紙①②③、ユダの手紙】

個人に宛てた手紙ではなく、教会のような広い対象に宛てて書かれた書簡集。内容はイエスの教えや信徒としての振る舞い方など。各地で読み伝えられている文書集だ。

黙示録【ヨハネの黙示録】

新約聖書の中で唯一の預言書。世界の終わりを示唆する終末論が書かれている。

このように新約聖書は、「黙示録」を除き、そのほとんどがイエスの行ないや教えをまとめたもので、信徒たちの生き方、考え方、行動を教える教科書のようなものである。

古代の歴史や神の教えというと、なんだか難しそうな印象を受けるかもしれない。

『旧約聖書』の構成

歴史書	モーセ五書	創世記
		出エジプト記
		レビ記
		民数記
		申命記
		ヨシュア記
		士師記
		ルツ記
		サムエル記上
		サムエル記下
		列王記上
		列王記下
		歴代誌上
		歴代誌下
		エズラ記
		ネヘミヤ記
		エステル記
知恵文学		ヨブ記
		詩編
		箴言
		コヘレトの言葉
		雅歌

預言書	大預言書	イザヤ書
		エレミヤ書
		哀歌
		エゼキエル書
		ダニエル書
	小預言書	ホセア書
		ヨエル書
		アモス書
		オバデヤ書
		ヨナ書
		ミカ書
		ナホム書
		ハバクク書
		ゼファニヤ書
		ハガイ書
		ゼカリヤ書
		マラキ書

『新約聖書』の構成

歴史書	福音書	マタイによる福音書
		マルコによる福音書
		ルカによる福音書
		ヨハネによる福音書
		使徒言行録
使徒書簡	パウロ書簡	ローマの信徒への手紙
		コリントの信徒への手紙1
		コリントの信徒への手紙2
		ガラテヤの信徒への手紙
		エフェソの信徒への手紙
		フィリピの信徒への手紙
		コロサイの信徒への手紙
		テサロニケの信徒への手紙1
		テサロニケの信徒への手紙2
		テモテへの手紙1
		テモテへの手紙2
		テトスへの手紙
		フィレモンへの手紙

使徒書簡	公同書簡	ヘブライ人への手紙
		ヤコブの手紙
		ペトロの手紙1
		ペトロの手紙2
		ヨハネの手紙1
		ヨハネの手紙2
		ヨハネの手紙3
		ユダの手紙
黙示文学		ヨハネの黙示録

だが実は、聖書は多くの人を教化するために書かれ、編纂《へんさん》されてきたものなので、物語調になっているところもあり、意外と読みやすい。

ちょっと言い過ぎかもしれないが、**聖書は「モーセやイエスの、苦難に次ぐ苦難の冒険譚」**なのである。また、これまで意識していなかった言葉や教えが、実は聖書の中に由来しているとわかり、驚かされることだろう。

次章以降では、いよいよ聖書の世界をくわしく紹介していこう。

1章

読むだけですっきりわかる
『旧約聖書』のあらすじ
……こうしてカナンの地に〝一神教〟は生まれた！

1 世界一有名な神話「天地創造」と「アダムとイブ」

「初めに、神は天地を創造された。地は混沌であって、闇が深淵の面にあり、神の霊が水の面を動いていた。神は言われた。『光あれ』」

この「創世記」（一章一～三節）の一文で『旧約聖書』は始まる。世界を豊かに彩ろうと、**神は七日間かけて世界を創りあげていく**のだが、そのストーリーが実に美しい。

一日目に生み出したのは、前述にある「光」だ。創造した全てを見わたすことができるよう、また、これから創り出すものが闇に迷うことがないよう、神は光と闇を分け、昼と夜とした。

二日目に着手したのは「天」を創り出すことだ。世界を覆いうごめく水を、上下の二つに分離し、上の水を「空」とした。空と水の間には「空間」ができた。

そこで、三日目、神は下の水を一つに集め、海を創り、乾いた大地を出現させた。

そして、その上に青草と種を持つ草、実をつける果実を生やす。

四日目には、昼と夜を照らす太陽と月と星をそれぞれ配置し、生物が生息しやすい環境を整え、五日目には、水に生息する生き物・魚と、天の屋根の下を飛び交う生物・鳥を生み出した。

六日目には、大地に生きるさまざまな生き物や家畜、獣を誕生させ、自分の創りあげた世界を見渡した。

そして最後に、自分の代わりに「ありとあらゆる生き物を統治すべきもの」として、土の塊から自らの姿に似せた「人間」を創り出した。

こうして、全てに満足した神は、七日目に休息をとる。

これが、**天地創造の物語**だ。


「自分たちはなぜ生まれ、死ぬのか」

「昼と夜はなぜあるのか」

「地球はどうやってできたのか」
「草や木、魚や鳥、その他の生き物はいつから存在するのか」

このような疑問は、誰もが一度は持つだろう。似たような「神話」は、世界各地にあり、それぞれが自らの気質や風土にあった〝創造主＝クリエーター〟を持つ。
しかし、多くの創造主は旧約聖書のように一から全てを創り出した「絶対的な存在」ではない。ましてや、自分を模した人間に、「生き物の統治」を求めることもしていない。そういった意味では、**聖書の「創世記」は特殊な「神話」である**と言ってもいい。

イブはアダムの肋骨《ろっこつ》から創られた！

さて、「創世記」の中で神が人間に対し、最初に「絶対的な権力」を見せつけるのが、**アダムとイブの物語**だ。

神は自分の代理として創り出したアダムを、「エデンという名の園」に住まわせることにした。アダムはエデンに住まう生き物たちに名前をつけ、園を管理することになる。

何不自由のない毎日を送っていたが、アダムには自分と向き合い、助け合える存在がいなかった。そんな様子を見た神は、**アダムを眠らせ、肋骨《ろっこつ》を抜き取ってそこから女・イブを創り出す**。

それからしばらくは、二人はエデンの木の実を食べて幸せに暮らしていた。神もエデンをよく訪れ、二人に話しかけた。彼らは善悪を知らず、神に言われたことを忠実に守っていた。

〝禁断の実〟の味は……!?

しかしある日、イブが一人でいるところにヘビがにじりよってきて問いかける。

「園のどの木からも実を食べたらいけないのかい？」

神は、エデンの園の全ての木から食べ物を得ることを許していた。ただ、**「善悪の

知識の木」を除いては……。

「善悪の知識の木の実だけは食べてはいけないの。死んでしまうから触れてもいけないと神はおっしゃいました」

と、答えるイブに、ヘビは、

「決して死ぬことはない。神が禁じるのは、それを食べると目が開け、神のように賢くなれるのをご存じだからだ」

と、誘惑する。

ヘビの甘い言葉に負けたイブは、禁断の実をかじってしまう。あまりの美味しさに、イブはアダムにも勧める。こうして**アダムとイブは「人類最初の罪」**を犯すのだ。

こうして人は〝原罪〟を背負い〝楽園〟を追放された！

「善悪の知識の実」を食べたアダムとイブは、急に自分たちが裸でいることが恥ずかしくなり、いちじくの葉で腰元を覆う。そこに現われた神が、アダムとイブに話しかける。

「なぜ隠れるのだ？」

アダムは答える。

「自分が裸なのが恐ろしくなったのです」

「なぜそんなことを知った？　禁じていた木の実を食べたのか？」

裏切りを知り、怒り狂う神にアダムはイブのせいだと言い訳し、イブはヘビのせいだと言い訳した。

両者に失望した神は、**男には労働の義務**を、**女には出産の苦しみ**を与え、**老いと死の宿命**を宣告した。

そして**神の命に背いたという原罪**を背負わせ、楽園から追放してしまうのだ。

もちろんヘビもまた、

「このようなことをしたお前はあらゆる家畜、あらゆる野の獣の中で呪われるものとなった。お前は、生涯這いまわり、塵を食らう」

との宣告を受ける。

2 人類初の殺人！「カインとアベルの悲劇」

エデンの園を追放された後、アダムとイブが最初にもうけた子供、**カインとアベルの兄弟が、最初の殺人を犯したという〝悲劇〟**はあまりにも有名だ。

そのいきさつはこうだ。

アダム一家は、自らを創り出した大地からの恵みを受けて暮らしていくことを決めた。アダムの息子らは成長し、兄のカインは畑を耕し実りを得る者に、弟のアベルは羊を飼う者となった。

兄弟は互いに自分の仕事こそがすばらしいと、誇りを持っていた。そのため口論が絶えず、決して仲がいいとは言えなかった。

そんな時、兄弟は神に自分たちの収穫物を捧げることになる。カインは土からとれた農作物を持ち、アベルはよく肥えた、最良の羊の初子を持ってきた。

神はアベルの羊には目を留めたが、カインの供物は無視した。カインは、あまりの屈辱に目を伏せたという。

嫉妬にかられた兄カインは弟アベルを手にかけた……

毎日こつこつと同じ場所の土を耕し、作物を育て、収穫をする毎日を送るカインにとって、笛を吹きながら愛らしい羊の群れとともに牧草地に出かけ、毛を刈り、ミルクを絞る毎日を送るアベルの仕事ぶりは、呑気なものにも見えただろう。カインには自分の供物が喜ばれるという絶対的な自信があったはずだ。

それなのに、神が選んだのは、アベルの羊……。

強い怒りと嫉妬にかられたカインは、弟を亡き者にしようと決意。アベルを野に連れ出し、そこで殺してしまう。

これが**人類初めての殺人**であり、**兄弟殺し**の瞬間である。

大地に流されたアベルの血の訴えを聞いた神は、カインに対し、

「お前の弟アベルは、どこにいるのか」

と、問いただす。カインは答える。

「知りません。私は弟の番人でしょうか？」

これが、**人類が最初についた嘘**だという。もちろん神がこんな嘘にだまされるわけがない。罪を重ねたカインは、

「お前は呪われた。もはや、大地はお前のために作物をもたらしはしない」

と宣告され、放浪者となる罰を与えられる。カインはその後、エデンの東にあるノドの地に住み着く。

二人の息子を同時に失ったアダムとイブだったが、新たな息子セトを授かる。このセトの子孫から「ノアの方舟」のノアが出るのである。

神は〝農耕民〟より〝遊牧民〟がお好き？

ところで、**なぜカインの作物は神から喜ばれなかったのか**。物語を知る者なら誰しもが疑問を抱くようで、しばしば議題にあがる。

「アベルは単なる羊ではなく、『最良』の羊を自ら選んだからだ」

とか、

「アベルは初物を選んだのに対し、カインは初物を選ばなかった」

だとか、

「捧げものは『血を流すものであるべき』だった」

また、

「カインは自分の努力の成果を神に認めてもらおうとしたのに対し、アベルは神の恵みに対する感謝を率直に表わしたから」

など、諸説ありおもしろい。


また、このドラマチックなストーリーに、数々の作家や画家がインスピレーションを得、多くの作品が残されている。

代表的なのは、アメリカの作家ジョン・スタインベックの小説『エデンの東』だろう。一九五二年の発売と同時にベストセラーとなり、ジェームズ・ディーンの主演で映画化もされ、日本を含む全世界で一大ブームを巻き起こした。

絵画では、十六世紀にイタリアで活躍した画家、ティントレットの『カインとアベル』、十七世紀の画家ルーベンスの『アベルを殺すカイン』などが代表的だ。

また、この愛憎劇は、**定住生活を送る農耕民と遊牧生活を営む人々の対立**を象徴しているとも言われている。

神に選ばれたのがアベルだという点や、カインに放浪を宣告するという点を見ると、「創世記」を記した人たちはどうも、農耕民よりも遊牧民に対する思い入れのほうが強いようだ。

そんな目線から見ても、この話はやはり興味深く、おもしろい。

3

神による怒りの制裁「ノアの方舟」伝説

「ノアの方舟」伝説は、壮大なフィクションの様相を呈しながら、さまざまな場面でその実在性が議論にあがる、特異な物語である。

「創世記」の中で、ストーリーは、こう展開していく。

時が過ぎ、アダムとセトの子孫は地上にあふれんばかりとなった。しかし人間の数が増え、豊かになるにつれ、世の中には欲望や憎しみ、争い、悪徳が氾濫。人々は堕落し始めた。

当初、「産めよ、増えよ。地に満ちよ」と、人間を祝福した神だったが、その醜い様子に失望し、大洪水を起こして一掃しようと決意する。

しかし、善人で信心深いノアとその家族だけは別だった。神はノアにこう告げる。

「あなたと家族とはみな方舟に入りなさい。あなたはすべての清い獣の中から雄と雌とを七つがいずつ取り、清くない獣の中から雄と雌とを一つがいずつ取り、また空の鳥の中から雄と雌とを七つがいずつ取って、その種類が全地の表に生き残るようにしなさい。七日の後、わたしは四十日四十夜、地に雨を降らせて、わたしの造ったすべての生き物を、地の表からぬぐい去ります」

と。

大洪水が街も山々も全てを飲み込んだ！

従順なノアは神の言葉を信じ、神の言う通りに方舟づくりに取りかかった。

とはいえ、これだけの生き物が長期間過ごすだけのキャパシティを持った舟である。長さ三百アンマ（約百三十五メートル）、幅五十アンマ（約二十三メートル）、高さ三十アンマ（約十四メートル）という巨大なものとなった。

その様子を見ていた町の人々は、

「頭がおかしくなったんだ」

と、せせら笑ったが、ノアとその家族は、神の言葉を信じ、黙々と作業に従事した。そうこうしているうちに方舟が完成。すると同時に、どこからともなく動物が集まり始めた。

ノアは動物たちを舟の中に入れ、妻と三人の息子夫婦に食料を持って乗り込むよう促した。そして、最後に乗船したノアが入り口をしっかりと閉ざした瞬間、大雨が降り始めた。

神の予告通り、雨は濁流となり、街はもちろん山々も飲み込むほどの大洪水を引き起こした。大雨は四十日と四十夜の間、絶えまなく続き、地上の人間をはじめ生き物たちは全て水没し、死に絶えてしまった。

アララト山に漂着したノアが〝最初に取った行動〟とは？

ぐんぐん増していった水がようやく引き始めたのは、百五十日が経った頃だ。方舟は**アララト山の頂上**に止まった。漂着から七日後、ノアは外の様子を知るために一羽の鳩を放す。海原の遠くに飛び立った鳩は、止まり木を見つけられず戻ってきた。

さらに七日目に鳩を放つと、オリーブの枝をくわえて帰ってきた。近くに陸地がある証拠だ。さらに七日後に放ったところ、鳩は帰ってこなかった。安住の地を見つけたのだろう。

神の命をうけ、ようやく大地に降り立つことができたノアが最初に取った行動は、神に感謝を捧げるための祭壇作りだった。敬虔なノアの姿を見た神は、

「人に対して、大地を呪うことは二度としないでおこう。人が心に思うことは、幼いときから悪いのだ。わたしは二度と、生きたものを打つことをしない」

と、告げ、再び、

「**産めよ、増えよ。地に満ちよ**」

と祝福の言葉を述べたという。

九百五十歳まで生きたノアと息子たちの「その後」

その後の物語も興味深い。農夫となって葡萄の栽培を始めたノアは、ある日葡萄酒を飲み過ぎ、服を全て脱いで裸のまま眠り込んでしまう。その姿を見た末の息子ハム

は、おもしろおかしく兄たちに言いふらすが、兄のセムとヤフェトは、ノアの裸を見ないように近づき、そっと服をかけてあげた。

ことのいきさつを知ったノアは、ハムに対して、
「その子孫とともに呪われよ。奴隷のまた奴隷として、兄たちに仕えよ」
と呪いの言葉を投げかけ、気遣いを見せたセムとヤフェトには祝福を与える。

その後**ハムの子孫は南に移り、後にソドムとゴモラの街を築く、カナン人**となったという。**セムの子孫は山地に住む遊牧民族**になり、**ヤフェトの子孫は地中海やギリシアの島々に根付いた**とされている。

ちなみに、ノアはその後三百五十年も生き、九百五十歳で亡くなった。

4 なぜ「バベルの塔」は神の逆鱗に触れたのか？

ノアの洪水の後にも、神は自分の力を誇示するかのように、おごり高ぶった人間たちに罰を与えている。

その一つが、左頁にも載せたブリューゲルの絵画でも有名な**「バベルの塔」**だ。

ノアの子孫たちは、東メソポタミア地方に平地を見つけ、その地にシンアルと名づけ、定住する。当時、世界中の人々は祖を同じくすることもあって、一つの言葉を用いていた。お互いの認識を共有できたため、農業や商業はもちろん、政治や文化も豊かになり、文明も高度なものに成長した。

やがてシンアルの人々は、**自分たちの力を誇示しようと、天まで届くような塔を建てようと計画**を練る。ひょっとしたら、ノアの洪水の教訓もあったのかもしれない。

しかし、その様子を見た神は怒り、

人間の傲慢さに怒った神は「言葉を混乱させる罰」を与えた
『バベルの塔』（ピーテル・ブリューゲル）

「彼らは一つの民で、皆一つの言葉を話しているから、このようなことをし始めたのだ。これでは、彼らが何を企てても、妨げることはできない。我々は降《くだ》って行って、直ちに彼らの言葉を混乱させ、互いの言葉が聞き分けられぬようにしてしまおう」

と、シンアルの人々の言葉をバラバラにしてしまう。

人々は塔の建設を断念し、同じ言葉を話すグループで集まり、各地へ散ってしまった。

そのためシンアルの地は、ヘブライ語で「混乱させる」という意味の「バベル」と呼ばれるようになったそうだ。

快楽に溺れる「ソドムとゴモラ」の民に天からの制裁！

神からの罰が与えられたもう一つの有名なエピソードが「ソドムとゴモラ」の話である。「バベルの塔」の話から歴史が進み、**「すべての民族の祖」とされるアブラハム**の誕生後になる。

ここでアブラハムについて少し説明すると、彼はユダヤ教、キリスト教、イスラム教を信じる**「聖典の民」の始祖**であり、**「信仰の父」**とも言われている。アブラハムについては、次項でくわしく書いていきたい。

そのアブラハムの甥・ロトは、ソドムという町に移り住んだ。このソドムと隣接する町ゴモラは、肥沃な土地だったが、そのため人々は堕落し、悪事にふけり、快楽に溺れきっていた。男色家のことを英語で「ソドミー」と言うが、語源はこのソドムの町の名に由来する。

モラルを逸脱した行為はやがて神の怒りに触れ、神は町を滅ぼす計画を立てる。そ

こでまず、アブラハムに計画を打ち明けるが、アブラハムはソドムの町に甥のロトがいることを知り、

「どうかお怒りにならずに」

と、懇願する。

「決して振り返るな」――天使の忠告を無視して「塩の柱」に！

しかし、神の決心は固かった。ついに神の使いである天使がソドムの町に降り立った。ただならぬ雰囲気を察知したロトは、強引に天使を自分の家に招き、もてなそうとする。

すると、美しい客人の存在を知った男色家たちがロトの家におしかけ、

「お前のところに来た連中を、俺たちに引き渡せ」

と、騒ぎ始めた。

「私にはまだ嫁がせていない娘が二人います。娘たちを差し出しますから、好きにしてください。そのかわり、どうかこの方たちには何もしないでください」

と、ロトは懇願するが、男たちは耳を貸さない。男たちが戸口をこじ開けようとした瞬間、天使たちは男どもを打ち倒し、ロトに命じる。

「一刻も早く命がけで逃げなさい。決して後ろを振り返ってはいけません。低地に留まらず、山中に逃れなさい」

神が、ロト一家を除く町の全てを滅ぼすことに決めたことを、天使は知らせたのだ。**逃げるロト一家の背後で、天から怒りの炎と硫黄が放たれた。**まばゆい閃光《せんこう》と大音響が鳴り響き、町もろとも、生息するすべての生きとし生けるものが抹消された。

残して来た財産への未練があったのだろうか。ロトの妻は忠告にもかかわらず後ろを振り返り、**「塩の柱」**に変わり果ててしまった。

ところで後日談と言うべきか、ロトと二人の娘は山中に逃げ延び、洞穴で暮らすようになる。一生を独身のまま終えることを危惧した娘たちはロトを無理矢理酔わせ、床をともにする。

この行為は近親相姦にあたるが、子孫を残す目的があったとして、神は罰を与えなかったようだ。二人の娘はそれぞれ男の子を産み、ロトの血は受け継がれていく。

5 アブラハムが〝信仰の父〟と呼ばれる理由

旧約聖書を読むうえで、絶対に外せない人物がいる。
それが、「ソドムとゴモラ」の物語の中にも出てきた、アブラハムである。
ノアの後、神が人類救済の出発点として選び祝福した、最初の預言者だ。

〝神の声〟を聞きカナンからエジプトへ移住するアブラハム

アブラハムはユーフラテス川下流の町ウル（現在のイラク南部）に生まれたが、父のテラと、妻のサラ、甥のロトとともにウルを離れ、ハランの地（現在のトルコ南東部）に移り住んでいた。ある日、アブラハムは神の声を聞く。

「あなたは生まれ故郷、父の家を離れて、わたしが示す地に行きなさい。わたしはあなたを大いなる国民にし、あなたを祝福し、あなたの名を高める、祝福の源となるように」

アブラハムは神の声に従い、妻と甥、そして召使いを連れて、カナン（地中海とヨルダン川、死海に挟まれた地域）の地にたどり着く。ところがカナンを飢饉が襲ったため、エジプトへと移住する。

しかし、エジプトでは気苦労が絶えなかった。というのも、妻のサラが並外れた美貌を持っていたからだ。エジプト男性に自分が殺されて妻を奪われるのではないかと危惧したアブラハムは、サラを「妹だ」と人々に紹介。偽りの日々が始まる。

アブラハムの予想通り、サラはエジプト中の男性を魅了し、ついに王家へ召し入れられることになる。王家から手厚い保護を受けたアブラハム一家だったが、やがて真実が明るみに出ると、追い出され、カナンへと戻るはめになってしまった。

さらにその道中、家畜のための水をめぐって、アブラハムとロトの従者の間に争いが勃発する。結果、ロトは肥沃な低地ソドムへ移住。アブラハムは、荒れ地に残ることになった。

「信仰の父」アブラハムの家系図

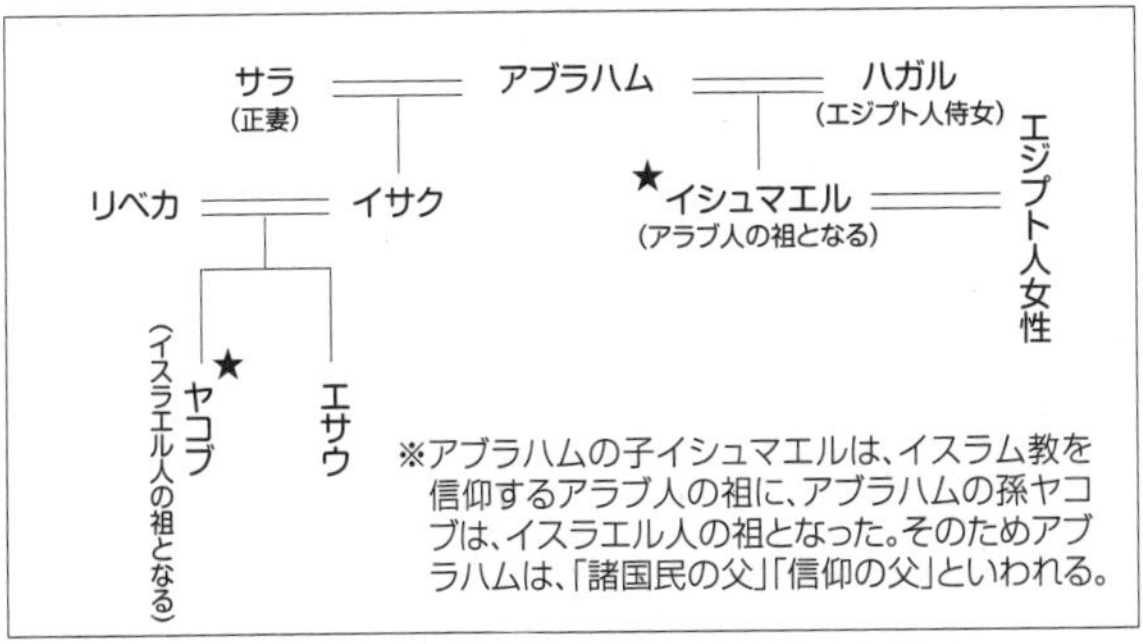

※アブラハムの子イシュマエルは、イスラム教を信仰するアラブ人の祖に、アブラハムの孫ヤコブは、イスラエル人の祖となった。そのためアブラハムは、「諸国民の父」「信仰の父」といわれる。

そんなアブラハムには悩みがあった。子に恵まれなかったのだ。

妻のサラは、すでに八十歳に近かった。とうてい出産に耐えられる年齢ではない。

そこで、サラはエジプト人の侍女・ハガルに、アブラハムの子供を産ませようとする。ところが、そこで権力を得たハガルの態度が一変。サラを軽んじ始めたのだ。

二人が対立を深める中、**ハガルは息子・イシュマエルを出産**した。

その数年後、さらに事件は起きる。**サラが九十歳という高齢でありながら、息子・イサクを産んだ**のだ。

さて、自分の子を持ったサラにとって、ハガルとイシュマエルほど疎ましい存在はない。

サラはアブラハムに、二人を追い出すよう懇願する。思い悩むアブラハムに対し、神は告げる。

「サラのいうことに聞き従いなさい。イシュマエルもまた、国民の父となる。彼もあなたの子であるからだ」

こうして、ハガルとイシュマエルはわずかな食料を渡され、荒地へ放り出されてしまった。一時は死を覚悟した二人だったが、神の加護により、一命をとりとめた。生き延びたイシュマエルは母と出身を同じくするエジプト人と結婚し、子孫を増やす。その子孫が**アラブ人**だという。

旧約聖書がイスラム教の母体と言われるのは、**アラブの民の祖がイシュマエルと、アブラハムだとされている**からだ。パレスチナの地をめぐってユダヤ人とアラブ人が対立し始めたのもこの頃からだと言われている。

ユダヤ人とアラブ人の対立の〝根〟はここにあった

またアブラハムは神と契約を交わし、彼と彼の子孫が祝福を受け、カナンの全ての

アブラハムは息子イサクを神に捧げ、信仰の篤さを証明
『イサクの犠牲』（カラヴァッジョ）

土地を永久に与えられると告げられた。そしてその契約のしるしとして、生後八日目の男子に割礼《かつれい》（男性器の先端の皮を切り取る）をほどこすことを約束した。

　ちなみに「アブラハム」「サラ」という名前は、この時に神から授かったもので、それ以前の二人は「アブラム」「サライ」と名乗っていた。

　さて、サラの息子イサクだが、彼もまた試練を受ける。神の命により、**神への「生け贄」**にされたのだ。アブラハムにとってイサクは、自身が百歳の時にようやく得た、かわいい息子。神に捧げるとはいえ、手にかけるのは断腸の思いだっただろう。

しかし、神の命令である。アブラハムはイサクを山に連れ、祭壇にのせ、のど元にナイフを突き立てようとした。その瞬間、神の使いが声をかけた。

「その子に手をかけてはいけません。お前が神を畏れる者だということは、よくわかりました」

神に対する信仰の篤さを証明したアブラハムとイサクは、**子孫が星の数ほど増える**こと、また**地上の全ての民の勝利者となる**ことを告げられる。

6
〝神との戦い〟に勝利！「イスラエルの祖」になったヤコブ

旧約聖書のおもしろさはなんと言っても、**人間の弱さや狡《ずる》さ**について、赤裸々に記されている点だろう。アブラハムの息子・イサクからつながる系譜にしてもそうだ。

四十歳になったイサクは、ナホルに住む親族の娘・リベカと結婚をする。リベカもなかなか子供を授からなかったが、神に祈りを捧げ続け、二十年後、双子の男の子を身ごもる。

しかしこの兄弟、母の胎内にいた時から、いさかいが絶えなかったようだ。先を争い、弟は兄のかかとをつかんで出てきたほどで、そのため弟は「かかとをつかむ人」という意味の「ヤコブ」と名づけられる。

兄エサウと弟ヤコブは、見た目も性質も正反対だった。

「率直で短絡的な兄エサウ」と「知的でずる賢い弟ヤコブ」

エサウは体が赤く、毛深いのに対し、ヤコブは肌が滑らかで、色白。活発で野を駆けまわる狩人に成長したエサウに対し、ヤコブは穏やかで家にいることを好んだ。性格もエサウは率直で短絡的だが、ヤコブは知的で少しずる賢いところがあった。

それは、こんなエピソードからも垣間見られる。

ある日のこと、ヤコブが煮物料理を作っていると、狩りを終え、お腹を空かせたエサウが帰ってきた。目の前の美味《おい》しそうな料理を見て、エサウは、

「頼む、食べさせてくれ」

と、懇願する。するとヤコブはすかさず、

「それなら兄さんの長子権を譲ってください」

と、交換条件を出した。とにかく空腹を満たしたかったエサウは、

「長子の権利など、どうでもよい」

と、豆の煮物とパンにありつく。

長子権とは、祝福の言葉とともに父親の財産や家長の地位を受け継ぐ権利で、その一族の全てを手に入れる権利と言ってもいい。口約束とはいえ、そんな強大な権利を空腹を理由に「譲る」と口にしてしまうような単純さが、エサウにはあったのだ。

さて、父のイサクはエサウをかわいがり、母のリベカはヤコブを溺愛していた。イサクは伝統にそって、当然エサウに家督を譲るつもりでいた。しかしリベカは、「ヤコブこそ、家督を継ぐべき」だと考え、一計を案じる。

ある日、イサクはエサウを呼び寄せ、

「死ぬ前にお前に祝福を与えたい。狩りでしとめた獲物でまず、料理を作ってくれないか」

と、頼む。エサウが野に出たのを見計らったリベカは、

「その肌を隠し、エサウのふりをして料理を届けに行きなさい」

と、ヤコブに入れ知恵をする。年を取ったイサクは、目がほとんど見えなくなって

いた。毛皮を着たヤコブをエサウだと勘違いしたイサクは、まんまとヤコブに、

「多くの民がお前に仕え、多くの国民がお前にひれ伏す。お前は兄弟たちの主人となり、母の子らもお前にひれ伏す」

と、祝福を与えてしまう。

一度与えた祝福は取り消すことができない。財産も名誉も横取りされたエサウは激怒し、ヤコブを殺そうとする。そのため、ヤコブは母の兄・ラバンの元へ逃亡をはかった。

ラバンは新たな働き手が来たとばかりに、大喜びでヤコブを迎えた。

そのうちヤコブは、ラバンの次女ラケルに好意を持つようになる。

「ラケルを妻に欲しい」

というヤコブに、ラバンは、

「七年間無償で働いたら結婚を許そう」

と、約束をする。

『旧約聖書』の中で「十二」という数字が〝完璧〟とされる理由

七年が経ち、結婚のための祝宴が開かれた。しかし、その夜ヤコブの寝室に入ってきたのは、ラケルではなく、姉のレア。ヤコブは、働き手の欲しいラバンの策略にかかったのだ。猛烈に抗議するも、

「この土地には姉から先に嫁ぐ習慣がある」

と巧みに言いくるめられたヤコブは、結局ラケルを得るためにさらに七年間、ラバンに酷使される。

それでも、ヤコブはレアとの間に、ルベン、シメオン、レビ、ユダ、イサカル、ゼブルンの六人、ラケルとの間にヨセフ、ベニヤミンの二人、レアの女奴隷ジルパからガド、アシェルの二人、ラケルの女奴隷ビルハからダン、ナフタリの二人、計十二人の息子をもうけた。

そしてこの十二人の息子のうちの十人と、十一男ヨセフの子であるマナセとエフライムが、**イスラエル十二部族の祖**だとされている。

ちなみに、ここから十二という数字は旧約聖書において「完璧を表わす数」とされるようになったようだ。

ラバンにこき使われたヤコブだったが、持ち前の知略で着実に財産を増やし、二十年ぶりに家族とともに故郷に戻ることになる。

しかし、気にかかるのは、兄エサウの存在だ。

「復讐されるのではないか」

と、ヤコブは道中、散々思い悩むが、エサウは想像以上にさっぱりとした性格だったようだ。地にひれ伏して謝るヤコブを温かく迎え入れ、二人は和解を果たす。

〝天使との格闘〟の後、名実ともに「イスラエルの祖」になったヤコブ

そんな二人の再会の前日、ヤコブは不思議な体験をしている。

夜、ヤコブが一人でいると、どこからともなく正体不明の見知らぬ男がやってきて、突然組みかかってきた。格闘は夜通し終わらず、夜明け近くになっても続いた。体力

「イスラエル十二部族」の家系図

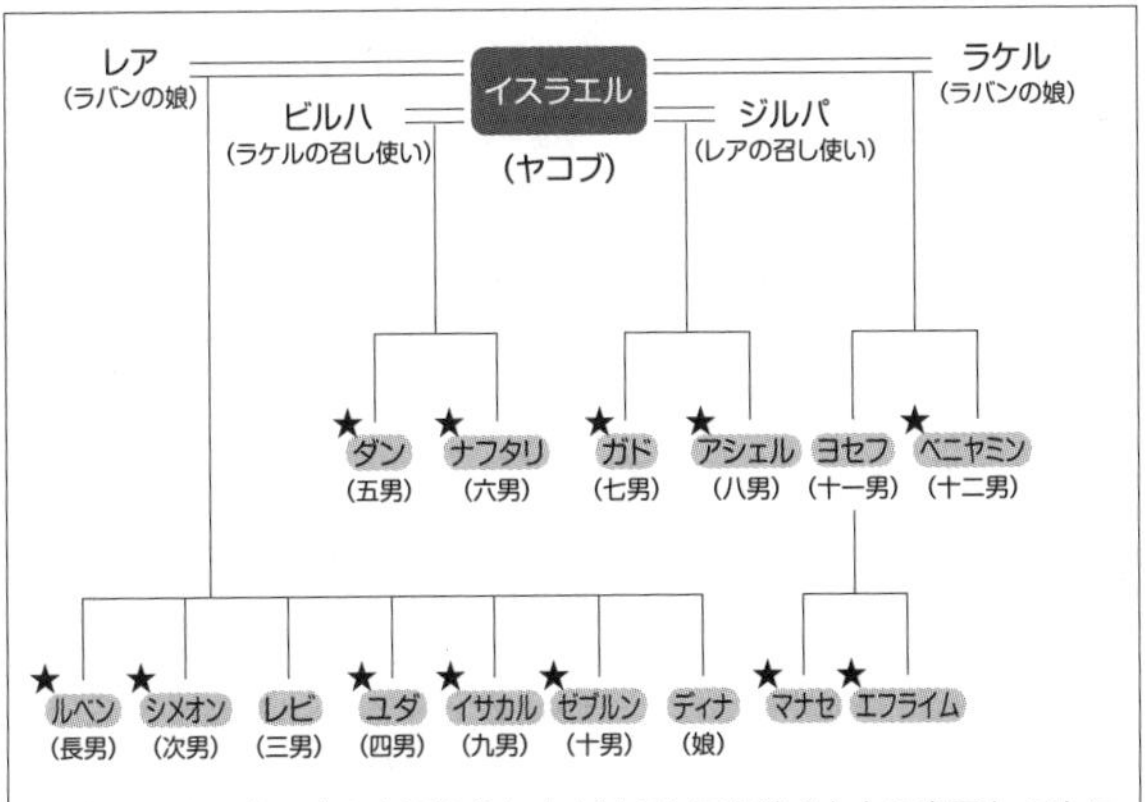

※イスラエルの十二人の息子のうち、レビとヨセフを除く十人の息子と、ヨセフの息子エフライムとマナセが、イスラエル十二部族の祖となった。(★印の人物)

の限界を超えてもなおお向かってくるヤコブに、相手は、

「もうよい。お前は神と戦って勝ったのだから、これからはヤコブでなく、イスラエルと呼ばれる」

と告げ、立ち去って行った。格闘の相手は天使だったのだ。

ここに至るまで、ヤコブの人生は騙し、騙されの連続だった。ヤコブの行為は決して褒められたものではない。どちらかと言えば、兄エサウのほうが善人のように見える。

しかし、彼はどんな苦境に陥っても決して諦めることをしない。それは全てにおいて過酷なこの地で、権力者として生き抜くためには重要な資質であった。

それゆえ、神はヤコブにこそ祝福を与えたのである。

こうして、**ヤコブは名実ともに「イスラエルの祖」**となったのである。

7 「苦難」はヤコブ一家の〝エジプト移住〟から始まった！

さて、「イスラエルの祖」であるヤコブの息子たちだが、その関係性もまた、私たちに教訓を与えている。

当初、この十二人の兄弟仲はあまりよくなかったようだ。これはそもそも、ヤコブの「えこひいき」が全ての原因だった。

もともとヤコブは伯父・ラバンの次女ラケルを見初め、ラケルこそを妻に迎えたいと考えていた。十四年にも及ぶ苦役に耐えたのも、全てラケルのためだ。

そのため、自身の十一番目の子供であり、**ラケルとの間に生まれた第一子、ヨセフ**に対し格別の愛情を注いだ。ヨセフが兄たちの嫉妬を買うのは必至だった。

さらに、ヨセフが持つ特殊な能力、つまり**予知夢**を見ることができ、**夢を解釈でき**

るという能力が、兄たちの嫉妬に拍車をかけた。ある日、ヨセフは兄たちを集めてこんなことを言った。

「こんな夢を見ました。畑で兄弟みんなで麦の束を結わえていると、いきなり私の束がすっと起き上がり、まっすぐに立ちました。すると兄さんたちの束がその周りに集まってきて、私の束にひれ伏したのです」

また、父ヤコブに対してもこんな話をしている。

「こんな夢も見ました。太陽と月と十一の星が、私にひれ伏しているんです」

これらの話はどう解釈しても、**「自分こそが一家の中心である」**と言っているようにしか聞こえない。

ヨセフの目に余る尊大さに、兄たちの怒りは頂点に達した。

ついに兄たちはヨセフを砂漠へ連れ出し、身ぐるみをはいでから井戸に突き落とすという、残虐な行為に及んだのだ。

「ヨセフは獣に襲われて死んだ」

そう聞かされた父ヤコブは、数日にわたって嘆き、哀しんだ。

エジプトで「ファラオの夢解き」に成功するヨセフ

しかし、ヨセフは絶対的な「運」を持っていた。偶然通りかかったミディアン人の商人に助けられ、イシュマエル人の隊商に銀二十枚で売り飛ばされる。

イシュマエル人にエジプトに連れて行かれたヨセフは、宮廷役人ポティファルのもとで働くことになる。才能を発揮し、重要な仕事も任されるようになるが、ポティファルの妻に誘惑されることで、再びどん底に突き落とされる。誘いを拒絶したことから、逆恨みを買い、偽証によって投獄されてしまうのだ。

しかし、これがヨセフにとってプラスに転じることになった。牢の中で夢解きをしているうちに名をあげ、**エジプトの王（ファラオ）が見た不思議な夢を解くよう依頼**されたのだ。

ファラオの夢とはこうだ。

「ナイル川のほとりに立っていると、突然、つややかなよく肥えた七頭の雌牛が川から上がって来て、葦辺で草を食べ始めた。すると、その後から、今度は醜いやせ細った七頭の雌牛が川から上がって来て、岸辺にいる雌牛のそばに立った。そして、醜いやせ細った雌牛が、つややかなよく肥えた七頭の雌牛を食い尽くした」

「太ってよく実った七つの穂が、一本の茎から出てきた。するとその後から実が入っていない、東風で干からびた七つの穂が生えてきて、実の入っていない穂が太って実の入った七つの穂をのみ込んでしまった」

ヨセフは、二つの夢に登場する〝七〟とは、〝七年〟を意味すると解釈。

「エジプトに七年の大豊作がやってきて、その後に七年の大飢饉が続くことを意味しています」

と話し、二度も同じ夢を見たということは、神がすでにこのことを決定したのだと言及。

「今すぐ七年の飢饉に備えて対策をとってください」

と、忠告した。

これを聞いたファラオは感服し、**ヨセフを宰相の地位に据える**。はたして**夢解きは**

的中し、七年の豊作の後、国を飢饉が襲った。しかしエジプトはヨセフの言葉通り、穀物を大量に備蓄していたおかげで、この難を逃れることができた。

「創世記」はヤコブ一家のエジプト移住で幕を閉じる

飢饉は、遠くカナンの地にいるヨセフの父ヤコブとその家族にも降りかかっていた。ヤコブは食糧を得るために、ヨセフの同母弟・ベニヤミンを除く十人の息子たちに、エジプトへ赴くよう命じる。

ヨセフは兄たちだとすぐにわかったが、兄たちは気づかない。**死んだと思っているヨセフが、エジプトで出世を果たしているのだから当然だ**。

かつて見た夢さながらに、ヨセフの足下にひれ伏す兄たちに、ヨセフは一計を案じ、スパイの嫌疑をかけ投獄してしまう。そして兄のうち一人を人質にし、残りの兄たちに愛する同母弟ベニヤミンを連れてくるよう命じる。

約束通り、ベニヤミンは兄に連れられてやってきた。ヨセフは袋に食糧をつめて、兄弟たちを帰そうとするが、これも策略だった。その袋の中にこっそり銀の杯をしのばせ、ベニヤミンに盗みの嫌疑をかけたのだ。

「奴隷としてベニヤミンは私の側に置く」

と告げるヨセフに、兄たちは必死にベニヤミンをかばい、身代わりを申し出る。

「私を奴隷として残し、ベニヤミンは帰してやってほしい。父ヤコブの哀しみを思うと耐えられない」

そこには、かつて自分を殺害しようとした無慈悲な兄たちの姿はなかった。ヨセフは思わず涙を流し、自分の身を明かした。

さらに、

「私をここにつかわせたのは、あなたたちではなく神です」

と話し、ヤコブ一家にエジプトへ移り住むことを勧める。飢饉はさらに五年は続く予定だった。

こうして、**イスラエルの一族はエジプトへ移住することになる**のだ。

天地創造の神話の時代から始まった旧約聖書の「創世記」は、このようにイスラエルの民の誕生、エジプトへの移住を描き、幕を閉じる。

8 『旧約聖書』のハイライト！ モーセの「出エジプト」と「十戒《じっかい》」

ヤコブと十二人の息子たちのエジプト移住をもって、イスラエルの物語はいったん幕を閉じる。

その後、物語の幕が再び開かれるのは数百年後。**イスラエルの人々がエジプトで迫害され、奴隷として扱われるようになった時代**からだ。ラメセスⅡ世（紀元前一二九〇頃～一二二四年頃）の治世、紀元前十三世紀頃のことだと言われている。

エジプトに定住したイスラエルの民は、どんどんその数を増やしていった。数は脅威だ。ヤコブの息子ヨセフがエジプトを大飢饉から救ったことを知らない世代になると、エジプトの人々はイスラエル人に対して恐れを抱くと同時に、嫌悪感を抱くようになっていった。

そこでファラオは、イスラエル人を奴隷の身分に落とし、虐待するようになる。しかし彼らは厳しい労働に耐え、人口を増やし続けた。ファラオはさらなる人口抑制策として、生まれてきた男の子を殺害するよう命令を下す。ところが、神の怒りを畏れた助産婦たちはそれを聞き入れなかったので、効力を発揮しなかった。

ついにファラオは、新しく生まれたイスラエル人の男子をナイル川に投げ捨てるよう勧告を出した。この時代に生まれたのが、**旧約聖書の中核を担う、モーセ**だ。

エジプト王女に拾われ〝最高の教育〟を受けたモーセ

さて、モーセの両親は生後三カ月までは、なんとか自分の元でモーセを育てていたが、いよいよそれも難しくなってきた。そこで、防水処理を施したパピルスでできた籠にモーセを入れ、ナイル川の岸辺の葦の中にそっと置き去る。

それを見つけたのが、偶然水浴びにきていたファラオの娘だ。モーセは王女に拾い上げられ、王族の中で最高の教育を与えられ、大切に育てられる。

成長したモーセはある日、強制労働の現場で、イスラエル人を虐待しているエジプト人監督を目にする。怒りで我を忘れたモーセは、気がつくと、なんとそのエジプト人監督を殺してしまっていた。

この事件は、すぐにファラオの耳に入った。たとえモーセに非はなくても、イスラエル人がエジプト人を殺したとなれば、極刑はまぬがれない。エジプトを出たモーセは放浪の末、ミディアン地方にたどり着き、祭司の娘と結婚して羊飼いとして過ごすこととなった。

神は〝奇跡を起こす杖〟をモーセに授けた！

山での生活はすばらしかった。穏やかな毎日を送っていたが、ある日、モーセはシナイ山で神から、

「イスラエル人をエジプトから救い出し、カナンの地に連れ戻せ」

との命を受ける。エジプトでは相変わらず、イスラエル人が酷使されていた。

とはいえ、モーセがエジプトを離れて、早くも四十年が経過していた。躊躇するモ

ーセに神は、

「わたしはある。わたしは〝ある〟という者だ」

と伝え、奇跡を起こす杖を授ける。しかしモーセはそれでも、何度も神に断りを入れ、説得を受けている。

このように、神を感じ、その声を聞きながらも、「自分に救世主のようなことができるのだろうか」と思い悩むモーセの姿は、何とも人間的でおもしろい。これもまた、偉人であってもその弱さを包み隠さず書き記す、旧約聖書ならではであると言えよう。

ついにエジプトに戻ったモーセは、雄弁な兄アロンとともに、ファラオにイスラエル人を解放するよう直談判する。しかし、イスラエル人は大事な労働力だ。ファラオは首を縦に振らず、それればかりか、さらに厳しい使役を課すのだった。

間一髪でファラオをかわした！「葦の海の奇跡」

そこで、モーセは神の意志を見せつけるべく、エジプト全土に十の災いをもたらす。

「ナイル川を血に変える」「ぶよを発生させ、エジプト人だけを襲わせる」「疫病を発生させ、エジプト人の家畜を苦しめる」「天から雹《ひょう》を降らせ、作物を全滅させる」……。

いずれの災厄もエジプトにとっては大変な痛手だったが、ファラオは了承しない。そこでモーセは、「エジプト全土の全ての長子を殺す」という最終手段に打って出る。ここにきて、ようやくファラオは屈服し、イスラエル人の解放を許した。

モーセは成人男子だけで約六十万人という大集団を連れ、カナンに向かって移動を始めた。**「出エジプト」**である。

しかしそれを知り、ファラオは慌てふためく。奴隷を失うことが急に惜しくなったのだ。自ら軍隊を率いて猛追、そしてついに、モーセたちは葦《あし》の海の入り口でエジプト軍に追いつかれてしまう。

目の前は海、後ろは軍隊という、モーセ一行にとって絶体絶命の局面で、モーセは海に向かい、すっと手を挙げた。

すると、**海が真っ二つに割れ、道が出現**した。

間一髪、モーセの一行は海を渡ることで、ファラオの追撃から逃れることができた。イスラエル人が渡りきったと同時に海は閉じ、後を追ってきたエジプト兵たちは海の藻くずとなって消えたのだ。映画『十戒』でも有名な、**「葦の海の奇跡」**のシーンである。

紀元前十三世紀の後期に、モーセ率いるイスラエル人たちは、こうしてエジプトから脱出することができた。

シナイ山で神がモーセに与えた「十戒《じっかい》」には何が書かれていた？

さて、残るはカナンを目指すのみである。しかし、その後の行程も過酷を極めた。飢えや疲れなど数々の試練に耐えながら、一行は三カ月後、ようやく**聖なる山・シナイ山**の麓に到着する。

ここでモーセは再び神から呼び出され、山頂で一人、神の啓示を受ける。

「イスラエルの民が神を信じ、神の言葉に従い、契約を守るなら彼らを聖なる民としよう」

モーセたちの「出エジプト」の道のり

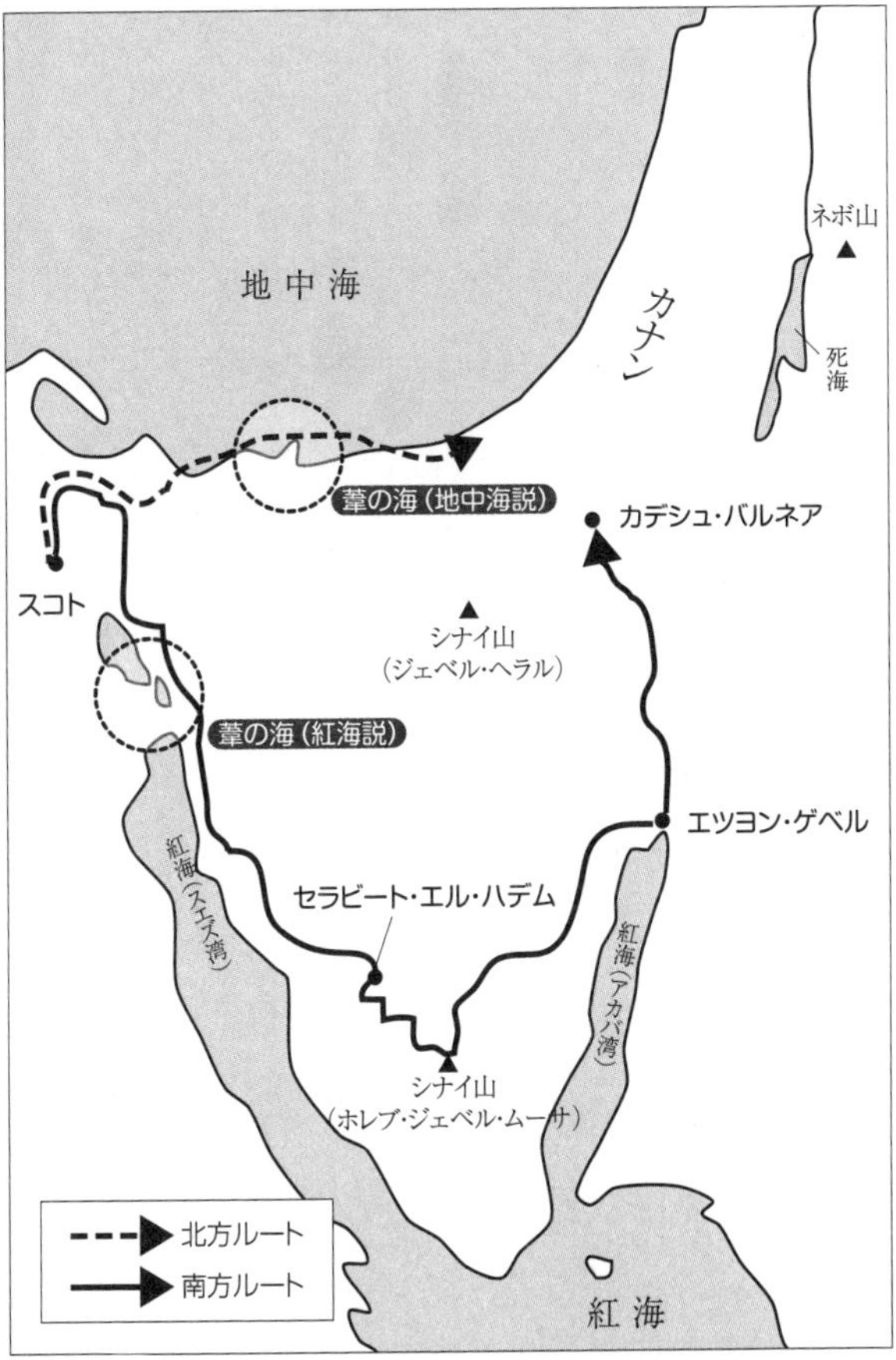

モーセたちの「出エジプト」の道のりには諸説あり、代表的なのが「南方ルート説」「北方ルート説」だ。モーセが割って歩いたという「葦の海」も、紅海と地中海のどちらかに説が分かれる。

と。

モーセが山の麓にもどり、その言葉を伝えると、人々は一様に神の言葉に従った。

そこで結ばれたのが、十の戒《いまし》め、「**十戒**《じっかい》」である。

1 わたしのほかに、ほかの神があってはならない。

2 自分のために、偶像をつくってはならない。

3 主の御名をみだりに唱えてはならない。

4 安息日を覚えて、これを聖なる日とせよ。

5 父と母を敬え。

6 殺してはならない。

7 姦淫してはならない。

8 盗んではならない。

9 隣人に対し、偽りの証言をしてはならない。

10 隣人の家のものを欲しがってはならない。

ちなみに、一から四までの戒めは「神と人との間の契約」であり、五から十までの戒めは「人が守るべき倫理、道徳規範」になっている。

なぜ、モーセは「カナンの地」を踏むことができなかったのか

ところが、モーセと神がこの契約を結ぶのには、四十日四十夜を費やした。なかなか姿を現わさないモーセを待ちきれなかった民は、**金の子牛の像**を造り、それを崇《あが》めるなど、契約を待たずして禁を破ってしまう。神は怒り狂い、像を造った民、三千人以上を殺してしまう。

契約は始めからやり直された。再び四十日四十夜が費やされ、ようやく**イスラエル人は「神の民」と呼ばれるようになった。**

しかし、神と人間の微妙な関係は続く。人々はカナンを目指す過酷な旅の道中で、「エジプトで奴隷をしているほうがましだった」

などと、モーセはもちろん神に対してまで、不満を口にし始めたのだ。さらには、

自分たちを率いたリーダーたちを指し、

「あいつらを殺して、エジプトへ帰ろう」

などと言い出す始末。これには神も激怒し、ついに民を滅ぼそうとした。モーセの説得で思いとどまったものの、

「不平を口にした二十歳以上の全員が死に絶えるまでの四十年間、お前たちは荒れ野をさまよい歩かなければならない」

と、宣告。さらに、リーダー殺しを企てた首謀者らを全滅させてしまう。

結局、カナンの地に足を踏み入れることができたのは、エジプト脱出の世代ではヨシュアとカレブの二人だけであった。

モーセですら、民を統制できなかった罰として、カナンに足を踏み入れることは叶わなかったのである。

その時、モーセは百二十歳だったと旧約聖書には記されているが、ここまで神に仕えてきたのだ。**「約束の地＝カナン」**の空気を吸わせ、王に任命してやるくらいよいのでは……という気もするが、この**厳しさこそ、この地における「神」**なのだろう。

9 「約束の地」カナン奪還とイスラエルの初代王サウル

モーセの死後、イスラエルの民を率いたのはヨシュアだった。ヨシュアらは、なんとかカナンの地に到着するも、そこにはすでに異民族が住みついていた。

そこでヨシュアは、武力を用いてカナンの地を奪うことにする。神は「十戒」で殺人を禁じている。しかし、イスラエルの民のためならよしとしたようだ。

ヨシュアらは神からさまざまな奇跡や加護を受け、奪還に成功した。

ちなみに、ヨシュアらが葬った異民族の王の数は三十一人。歯向かってきた民族は根絶やしにしたという。これは彼らの武力の凄まじさと、それだけ広い土地を手に入れたことを意味している。

そこで、ヨシュアが王となるのかと思いきや、土地は十二部族にくじ引きで分配された。くじが「神意を与える」と考えられたからだ。あくまでも勝利は「神から授かったもの」という考え方に、彼らの信仰の篤さがうかがえる。

ショート・ストーリーとして楽しめる「士師記《しし》」

ところが、ここで「めでたし、めでたし」とならないのがおもしろい。

旧約聖書は十二部族の祖・ヤコブ以降、**イスラエル民族の歴史書**の様相を呈することになるが、どの時代を見ても、とにかく**神と民との関係が密接**だ。

この時代も例外ではない。すぐに神との契約「十戒」を忘れ、自分勝手に振る舞う民たちと、罰を与えながらも諦めずに見守り続ける神。その様子は、お互いを高め合っているかのようにも見える。


たとえば、カナンを手に入れたイスラエル人たちだったが、蹴散らした他民族の襲来に備える毎日が続くなど、治世は安定したものではなかった。そこで人々は、豊穣の神・バアルなど、異民族が信仰する神の存在も認め、次第に自分たちも祈りを捧げるようになっていく。それを「イスラエルの神」が許す訳がない。

神の加護を失った領地には敵国が侵略し、イスラエル人たちは再び支配されてしまう。自分たちの過ちを思い知り、悔い嘆く人々に、神は「士師《しし》」と呼ばれる、外敵を撃退するための指導者を送り、民を救出する。

しかし、士師が亡くなると、民はまた神を裏切る行為に出る。すると再び、土地に異民族が襲いかかってくる……士師の時代には、このサイクルがなんと七回も繰り返されている。

この様子を描いたのが**「士師記」**だ。士師たちは、主婦デボラ、ひとり娘を神に捧げたエフタ、貧弱で弱気なギデオン、**愛する女・デリラに裏切られ怪力を失ったサムソン**など、とにかく個性的で、ショート・ストーリーとしてもおもしろい。

なぜイスラエルの民は「王」を待望したのか？

さて、いくら神から選ばれたとはいえ、士師は一代限りの民のリーダーにすぎない。敵国の侵攻が激しさを増す状況を危惧した民たちは、**強力な指導力を持つ「王」の登場を切望**するようになっていった。

この頃に登場したのが、**最後の士師である預言者サムエル**だ。紀元前十一世紀の人である。

サムエル自身は「王とは神である」との考えから、民の中からの王の選出はよしとは考えなかった。そのため、イスラエル人に対して「王は必要ない」と、熱心に説き続けたようだ。

しかし神は、「彼らの言うとおりにするといい」という。

そこで当時三十歳の若者、**サウルを王として選出**することになった。

サウルに王として求められた職務は、異民族との戦いの勝利だ。サウルの軍は強かった。どんなに不利な戦いでも、圧倒的な力を見せつけ、異民族を撃破し続ける。

その様子を見て、就任当初は認めようとしなかった民も、サウルに絶大な支持を寄せるようになった。

そして当初は謙虚だったサウルも、王としての強い自信を持ち始めた。

そんなサウルにとっておもしろくないのが、預言者としてなお「神の言葉」を与え続けるサムエルだ。

事実、サウルはサムエルの言葉を一切、無視するようになり、自分勝手に振る舞うようになった。神から受けた、戦に対する忠告にも耳を貸さない。

サウルの様子に失望したサムエルに、神は**「サウルの後継者を見つけた」**と告げる。その人物はベツレヘムにいるという。

そこで出会った羊飼いの少年こそ、**次なる王・ダビデ**だった。

サムエルは「この少年こそ未来の王である」と確信し、その場でダビデの頭に油を注いだのである。

10 イスラエル全盛期を築いたダビデ王とソロモン王

ダビデの出現により神から見放されたサウルは、悪霊に悩まされるようになってしまった。日に日に衰弱していくサウルを見かねた家臣は、

「琴の音色で癒されてはどうか」

と、竪琴弾きを宮中に招待する。

そして、その**竪琴弾きこそ、ダビデ**だったのである。

その音色をいたく気に入ったサウルは、ダビデを重用し、自分のそばに置くようになった。

さらにダビデはサウルの息子ヨナタンと大親友になり、娘ミカルからは好意を抱かれるようになった。

投石だけで巨人ゴリアトを倒したダビデ

ダビデにとって全てが順風満帆に進んでいたが、決定的な事件が起きる。ペリシテ人（小アジア海岸から東地中海岸各地に現われた民族）の大男、**豪傑ゴリアトとの戦いだ。**

ダビデは剣や防具を身につけず、投げ石だけでゴリアトを倒し、ペリシテ人たちを追いやった。ちなみに、この事件をモチーフにしたのが、ミケランジェロの有名な彫刻『ダビデ像』である。

この勝利によってダビデは一気に名声を得るのだが、そのためにサウルの嫉妬心に火をつけてしまったのだ。

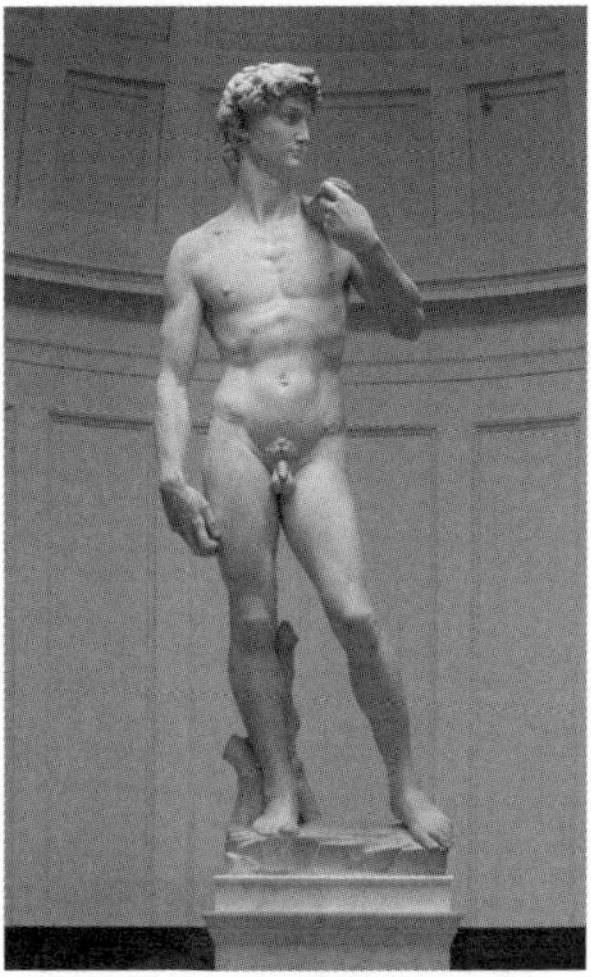

たった一発の投石で
巨人ゴリアトを倒したダビデ
『ダビデ像』（ミケランジェロ）

ダビデはこの後、サウルの娘ミカルを妻に迎える。しかし、日に日に存在感を増すダビデを見て、サウルの嫉妬心は敵意に変わり、やがて殺意に。ついに暗殺を命じるに至る。ヨナタンやミカルの機知によりさまざまな陰謀から逃れるも、サウルの殺意の強さを知ったダビデは、逃亡生活を送るはめになってしまう。

一方、ダビデを追いやったサウルだが、国は不安定な状態に陥ってしまった。そこに、ペリシテ人が戦いを挑んできた。

戦を前にして、サウルは神に何度も問いかけるが答えがない。そこで、女霊媒師のところに出向くと、

「神はもう去った。あなたと息子たちは明日戦死し、イスラエルはペリシテに破れる」

と、告げられる。その言葉通り、息子たちは戦死し、イスラエルは敗北。

これを受けて、サウルは自害する。

サウルの死後、ダビデは出身地である南の地・ユダに戻り、油を注がれる。イスラエル最大の部族である南部ユダの王となったのだ。しかし北の部族では、サウルの遺児のイシュ・ボシェトが王位についていた。

イスラエルはダビデ派とイシュ・ボシェト派に分裂、内乱が勃発する。しかし、イシュ・ボシェトが部下に暗殺されたことで内乱は終結を迎える。

ダビデはミカルと再婚し、北の部族もダビデを受け入れ、ここでようやく**イスラエルが統一されるのだ**。これが紀元前一〇〇三年頃と言われている。

さらにダビデは、当時エブス人が暮らしていたエルサレムを襲撃。エブス人を倒し、**エルサレムに王宮を移している**。その後も異民族との戦いで勝利を重ね、イスラエル王国はどんどん領地を広げていった。

神にも民にも愛されたダビデの〝唯一の弱点〟

傲慢になり神に嫌われたサウルに対し、**神からも民からも愛されたダビデ**は、一見すると完全無欠なスーパーマンのようにも見える。

しかし、最大の欠点があった。**女性関係のゆるさ**だ。

ダビデはミカルと二度も婚姻関係を結ぶが、どうも王位継承権が目的だったようだ。

というのもダビデは即位して以来、徹底的にミカルを避けている。彼とミカルの間には子ができず、ミカルは寂しく死んでいったという。

また、それを裏付けるように、ダビデは約十人の妻を持ち、四十人前後の子供をもうけている。

しかも、その中で最大の罪を犯している。姦淫と殺人だ。家臣の妻バト・シェバと不倫したうえ、その夫を戦場へ派遣して前線につくよう命令し、戦死に追いやったのだ。夫の死後、ダビデはバト・シェバを娶《めと》り、妻としている。その罪を見咎めるように、ここからダビデに次々と不幸が襲いかかる。

バト・シェバとの間に生まれた子は生後七日目で死亡。息子たちは近親相姦、強姦、兄弟殺しなどの大罪を犯す事件を起こす。さらに、息子のアブサロムがダビデに反旗を翻《ひるがえ》し、イスラエルは内乱状態に。ダビデは自ら愛する息子を討つことになる。

失意の中、息を引き取る直前にダビデが跡継ぎに指名したのは、バト・シェバとの第二子、**ソロモン**だった。

ダビデとソロモンの〝栄華〟はなぜ七十年しか続かなかった？

ソロモン（在位紀元前九六五～九二六年）は、現代でもしばしば「**ソロモン王の財宝**」「**ソロモン王の指輪**」などの伝説とともに語られるが、**イスラエルの全盛期を築いた賢王**でもあった。

そんなソロモンが着手した最大の事業は、**エルサレム神殿の建立**だ。神殿造りは、ダビデも一度は画策している。しかし、そんなダビデに神は、「イスラエルの民と常に歩む神に、座るための神殿は不要」と告げている。しかし、神はソロモンにはそれを認めている。

これには、「ダビデは権力欲から建立しようとしたのに対し、ソロモンは純粋な信仰から建てようとしたから」との説もある。

神殿は贅を尽くしたきらびやかなものとなり、神も大変喜んだ。

ソロモンの時代は「**ソロモンの栄華**」「**イスラエル王国の黄金期**」とも呼ばれ、繁栄を極めることとなる。周辺各国からは、朝貢の列が絶えなかったという。

イスラエル王国の繁栄と分裂

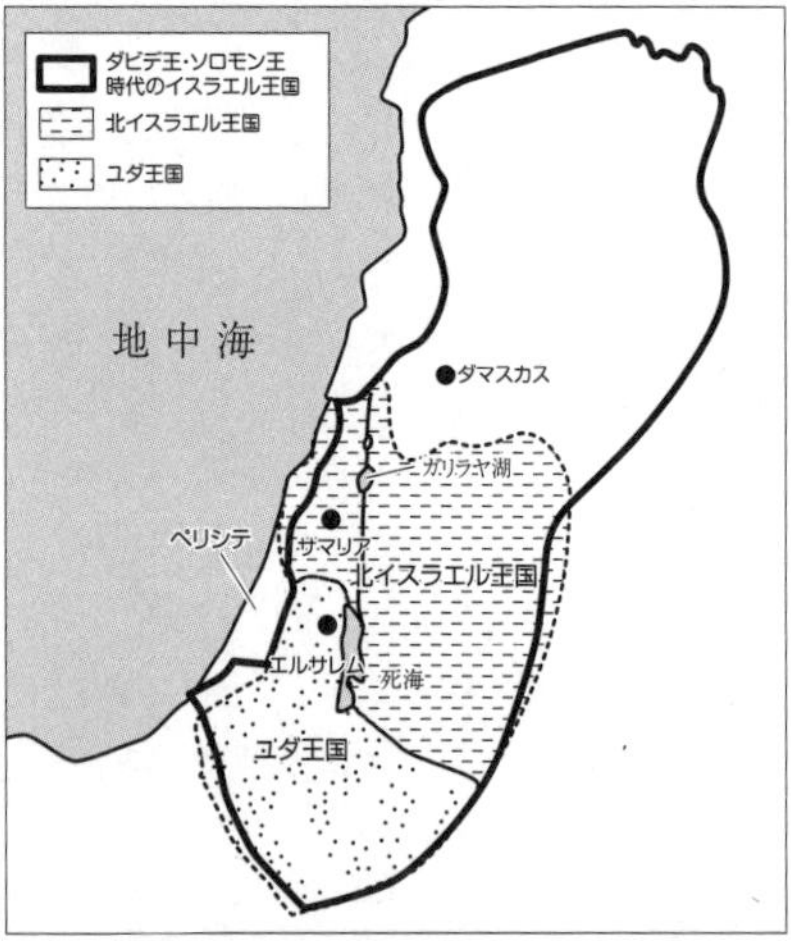

イスラエル王国は、ダビデ王・ソロモン王時代に全盛を極める。しかし、やがて国内に反乱が勃発し、北イスラエル王国と南のユダ王国に分裂する。

しかしその一方、ソロモンは外交政策として近隣諸国から妻を約七百人、側室を加えると千人もの女性を迎え入れたという。

そのため、妻からねだられて宮殿の中に異国の神々の像を建てるだけでなく、自らも拝むようになっていった。

これを神が怒らないわけがない。晩年になると、国内に反乱が勃発する。

死後、ソロモンの後を息子のレハブアムが継ぐが、従ったのはイスラエル十二部族のうち、ユダ族とベニヤミン族のみ。

残りの十部族は、預言者アヒヤによって王とされた、ヤロブアムについていった。

ここで、**南のユダ王国、北のイスラエル王国、二つの分裂王国が誕生**する。紀元前九二六年のことだ。

ダビデとソロモンの王国はわずか七十年で終焉を迎えてしまうことになり、南北それぞれの王国が続いていくのである。

11 「バビロン捕囚」で再び訪れた、忍耐の時

さて、二つに分かれた王国だが、その後**両国が統一されることは二度となかった。**

まず姿を消したのは、北イスラエル王国だ。

そもそも、分裂のきっかけとなったのは、ダビデとソロモンの時代に民に課せられた重税だった。確かに王国は繁栄していたが、その反面、民の生活は困窮を極めていた。

そこで、ソロモン亡き後、人々は後を継いだ息子のレハブアムに重税や重労働の軽減を訴えるのだが、レハブアムはさらに重い使役を課す。そこで、十の部族はヤロブアムを王にした北イスラエル王国を興すのだ。

ところが、**十戒が刻まれた石板を収めた「契約の箱」など、信仰の対象は南のユダ**

王国のエルサレム神殿に安置され続けていた。すると北イスラエルの人々は、どうしてもユダ王国まで巡礼に出かけることが必要になる。それは国力の低下にもつながりかねない。

ヤロブアムはエルサレム神殿との分離を果たすべく、新たな神殿を建立する。新神殿には金の子牛が鎮座していたという。この子牛は台座に過ぎなかったとされるが、人々はこの子牛に祈りを捧げ始めた。**イスラエルの民にとって「偶像崇拝」は最大の罪**である。神の怒りが下るのは必至だ。

この行為は「**ヤロブアムの罪**」と称され、のちのイスラエル王国滅亡の原因ともされている。

また、ヤロブアムにも直接、不幸が襲いかかってきている。息子が謎の病死を遂げ、この代でヤロブアムの一族は滅亡。にもかかわらず、北イスラエルの人々は、異教の神・バアルを崇めるなど、罪を犯し続けた。

それでも神は、エリヤやアモス、ホセアなど預言者らを使い、北イスラエルの民を導くメッセージを送り続けた。しかし、人々は耳を貸さず、ついに紀元前七二二年に**大国アッシリア帝国の侵入によって北イスラエルは滅亡**してしまう。建国からわずか二百年の出来事だった。

ところで、この北イスラエルの十部族は、四人としてアッシリアに連行されたと考えるのが自然だが、明確な記述は残されていない。そのため彼らは、行方知れずになった**「失われた十部族」**と称され、世界各国に散ったとする説がある。

アフガニスタン、インド、ミャンマー、イギリス、アメリカ、さまざまな仮説がある中に、日本へ辿りついたと主張する説もある。そこでイスラエルと日本の文化の共通点を比較研究する人々もいて、なかなかおもしろい。

一方、南のユダ王国はアッシリアからの侵攻を受けながらも独立を保っていた。北イスラエル同様、異教の神を拝み、偶像を造るなど、悪しき王も出現するが、**ダビデの血筋を保ち続けた**こともあったのだろう。他国からの攻撃にさらされ、衰退しつつも、なんとかその血筋を継承していく。

“強い方”に加担したつもりが捕囚の憂き目に！

しかし、アッシリアの支配下にあった**新バビロニア王国**が台頭し始めると、ユダ王国は、当時大国だったエジプトとの板挟みにあってしまう。どちらにつくか厳しい選択をせまられる中、ユダ王国がとったのは「強い方に加担する」ことだった。

その結果、ユダ王国はバビロニア軍に攻め込まれ陥落。紀元前五九七年、王族を始め、エルサレム市内の若者たち約一万人が、バビロニア軍に強制連行されてしまうこととなった。これが有名な**「バビロン捕囚」**である。

この時は、バビロニアの支配下に置かれながらも、国家の存続は許された。しかし当時の王ゼデキアがエジプトと組み、バビロニアに反旗を翻したため、ついにエルサレムは陥落、破壊されてしまう。紀元前五八七年の出来事だった。

この時、**第二回目の「バビロン捕囚」が行なわれ、ユダ王国は滅びる。**

バビロン捕囚により**ディアスポラ（離散の民）**となったイスラエル人。後にシリアやローマ帝国など、時の大国に支配された彼らは、イスラエルの地を離れて各地に移住するが、このバビロン捕囚は〝ディアスポラの起源〟と言われている。

ちなみに、**イスラエル民族の別名をユダヤ人と呼ぶようになったのは、この頃から**のようだ。


ところで捕囚といっても、厳しい奴隷労働を課せられたというわけではなく、ユダヤ人たちは割と自由に過ごすことができたようだ。

しかし彼らを最も苦しめたのは宗教的な心のよりどころ、エルサレム神殿の消失だ。そのため、この不遇の時代には多くの預言者が出現し、神の言葉を民に授け、神に祈り続けるよう励まし、ふるい立たせている。

紀元前五三九年にアケメネス朝ペルシアが新バビロニア王国を滅亡させると、バビロンのユダヤ人たちは**エルサレム帰還**を許された。


イエスが登場するのは、ここから五百年後のことになる。

2章

意外なエピソードも満載！

『新約聖書』のあらすじ

……なぜキリスト教は「世界宗教」に脱皮できたのか

1 聖母マリアの「処女懐胎」

アケメネス朝ペルシアの王キュロスの勅命により、紀元前五三八年に「バビロン捕囚」から解放されたユダヤ人たちだったが、それでもペルシアの支配に服していた。その後、ユダヤの民は、ギリシア、エジプト、シリアなど、時の大国の支配下に置かれながらも神の教えを守り続ける。

ユダ王国滅亡（紀元前五八七年）後、ユダヤ人は国を失い、差別と圧迫の中から、**国家再建**と民族の**救世主（メシア）の来臨**を待ち望むことになる。

ユダヤ教が成立したのは紀元前六世紀頃とされているが、その特徴として、国を失い、迫害される中から増幅された**「選民思想」**（排他主義）と、戒律をひたすら守る**「形式主義」**（律法主義）があげられる。

ユダヤ人たちが、より強く救世主を切望し始めたのは紀元前六〇年頃だ。ユダヤ地方は独立を果たすも、ローマ帝国の属州となっていた。

当時、ユダヤ地方を支配していたのはイドマヤ人のヘロデ大王（在位紀元前三七〜四年）だ。圧政や重税はもちろん、町をローマ風にする改修や、異民族の王を掲げるという屈辱は、ユダヤ人にとって耐え難いものだった。

また、さまざまな文化が流入したことにより、一枚岩のようだったユダヤ教も、解釈の違いによって分派し始める。律法を厳格に遵守することを強制する派閥も登場した。こうした中で、人々は自分たちを解放してくれる「神の使い」、すなわち救世主を待ち望むようになったのである。

これから紹介するのは、**救世主イエスの誕生から復活までを描いた「福音書」の中の物語である。**

大天使ガブリエルからマリアへの「受胎告知」

さて、ガリラヤ地方のナザレという町に、**マリア**という名の娘がいた。

マリアは、ダビデの血を継ぐ大工のヨセフと婚約し、結婚を控えていた。

そんなある日、マリアの元に大天使ガブリエルが現われる。そして、おごそかに告知する。


「あなたは神から恵みをいただきました。あなたは身ごもり、男の子を産みます。その子をイエスと名づけなさい」


しかし、まだ男性を知らなかったマリアは恐れおののく。

そんな彼女に天使は、これは**「聖霊のなせる業《わざ》」**で、産まれてくる子供が後に「神の子」と呼ばれると告げる。


この話を聞いたヨセフは、マリアとの縁を切ろうかと考えた。

当時のユダヤの婚姻法では、婚約期間の一年間は性交をしてはいけないと定められており、ヨセフはそれを忠実に守っていた。

しかしマリアが妊娠したとなると、マリアが「婚約者がいながら他の男性と関係を持った」と姦淫の汚名を着せられてしまう。

しかし、心配するヨセフの夢にも天使が出現する。

「聖霊のなせる業」により処女懐胎するマリア
『受胎告知』（フラ・アンジェリコ）

「マリアの妊娠は聖霊の力によるものであるから、結婚を恐れてはいけない」

目を覚ましたヨセフは、天使の言葉を受け入れ、マリアと結婚した。

ヨセフは身重のマリアを伴って、すぐに生まれ故郷ベツレヘムへと向かった。当時、ガリラヤ地方はローマ帝国の統治下にあったが、皇帝の命令でそれぞれの出身地で出産をし、新生児はその地で戸籍の登録をする必要があったからである。

ヨセフとマリアは、ようやくベツレヘムの地を踏むが、あいにく宿屋は全て満員だった。

そこで、町中を探し回った結果、一軒の馬小屋を見つける。そこでマリアは無事、男の子を出産する。

生まれた子はヨセフによって、イエスと名づけられた。

イエスとは、「神は救いである」という意味を持つ。

2
待望の救世主「イエスの誕生」とヘロデ大王の迫害

イエスの出生は、祝福をもって迎えられた。「ルカによる福音書」によると、ベツレヘムで羊の群れの番をしていたユダヤ人の前に突然、光が降り注ぎ、天使が出現し、

「あなたがたの救世主が誕生しました。その子は今、馬小屋の飼い葉桶の中に眠っています」

と、告げたという。

羊飼いたちはベツレヘムへ向かい、賛美の声を挙げた。

「東方の三博士」の来訪、〝天使のお告げ〟でエジプトへ逃避

「マタイによる福音書」では、**東方の占星術の博士三人**がエルサレムを訪れ、

「ユダヤ人の王として生まれた方はどこにいらっしゃいますか?」

と、人々に聞いて回ったと記述されている。

東方で、この地に明るい星を見たというのだ。その噂を聞いた当時の王・ヘロデ大王は、いつかその赤子が自分の地位を脅かすだろうと案じ、博士らに、

「私も一目拝みたい。その赤子を見つけたら、自分の元に連れてきてほしい」

と、命じる。

博士たちが王の言葉を聞いて出かけると、東方で見た件《くだん》の明るい星が動きだし、ある場所で止まった。星に導かれるように向かった三人は、一軒の家にたどり着いた。中へ入ると、生まれたばかりのかわいらしい幼子がマリアのかたわらで寝息をたてていた。

三人はひれ伏して、幼子を拝んだ。そして宝の箱を開け、黄金と乳香、没薬《もつやく》を贈り物として捧げるのだ。

これらのエピソードから、イエスは弱い立場の者や、異国の者から賞賛をもって受け入れられる救世主であることが垣間見られる。

その後、博士たちは夢に現われた神のお告げもあり、ヘロデ大王の元には戻らず、そのまま自分たちの住む東方へと帰って行った。

さらにヨセフの前にも、再び天使が出現。ヘロデ大王がイエスを殺害しようとしていることを伝え、**エジプトに逃げるよう忠告**する。天使の言葉通り、ヘロデ大王は、「ベツレヘム付近にいる二歳以下の男子を全員、殺害するように」とのおふれを出した。イエスがただ者ではないことを察知したのだろう。

しかし、一家はその頃すでにエジプトへ逃れていた。彼らが故郷のナザレへ戻ったのは、ヘロデ大王の死後。これも天使の命令によるものだった。

十二歳にして〝救世主としての自覚〟！

イエスは十二歳になる頃には、すでに救世主としての自覚が生まれていたと聖書には書かれている。

こんなエピソードがある。過越祭《すぎこしさい》（ユダヤ教の春の祭り）を祝うため、イエスは一家でエルサレムへ出かけた。祭りが終わり、帰路につこうとするも、イエスがいない。

両親は町中を駆け回り、一生懸命に探すがどうしても見つけることができない。

その三日後、両親はようやくイエスを発見する。

なんと彼は神殿で学者たちの真ん中に座り、話を聞いたり質問をしたりしていたのだ。イエスは大変機知に富み、ユダヤのさまざまな律法や預言書に目を通していたという。また、ヘブライ語とアラム語、ギリシア語の三つを巧みに操ることもできたとも伝えられている。


その後のイエスはさらに知識を身につけつつ、三十歳まで、家業の大工を手伝いながらナザレで穏やかな日々を過ごす。

3 洗礼者ヨハネによる「洗礼」と宣教活動のスタート

さて、イエスが生まれるほんの数カ月前に、イエスに洗礼を施した**洗礼者ヨハネ**が誕生している。父は祭司ザカリアで、母はマリアの親戚のエリザベト。

洗礼者ヨハネはヨルダン川の西方の荒野でたった一人、過酷な修行を行なっていたが、神の言葉を受け、預言者として民衆に「**悔い改めよ、神の国は近づいた**」と、**終末論**を説き聞かせ、**洗礼**を行なっていた。

ちなみにこの頃の洗礼は、罪を告白し洗い流す「**悔い改めの象徴**」としての行為で、現在のキリスト教で見られるような、信者になるために行なう「洗礼」とは少し意味合いが違うようだ。

ヨハネの洗礼は、預言者を待ち望む民衆たちから大変な支持を受けた。当時、救世

イエスの伝道の舞台

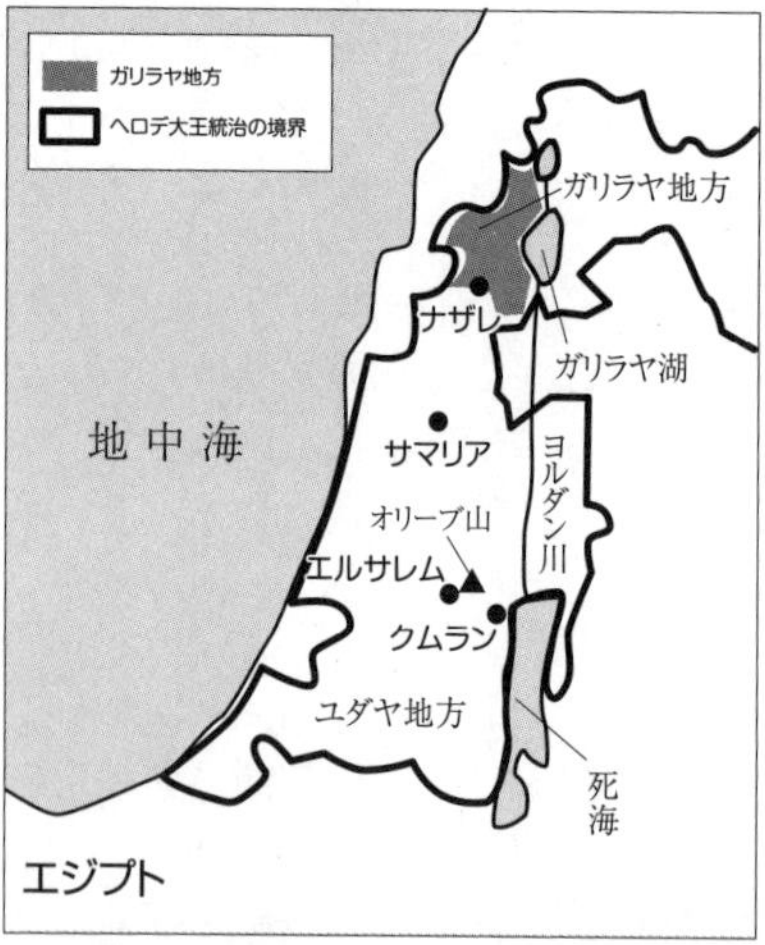

主を待望していたユダヤの人々から、「ヨハネこそ救世主ではないか」と尋ねられていたほどだ。

そこに現われたのがイエスだ。ヨハネは洗礼を施してほしいと言うイエスを見て、「彼こそが救世主だ」と気づき、洗礼を授けることをおこがましいと、一度は固辞する。

しかし、イエスの懇願もあり、洗礼を施すこととなった。

すると突然天が開け、神の霊が鳩のように地上に降りてきて、

「これは私の愛する子、私の心にかなうもの」

という声が、響き渡ったという。

イエスに懇願され、洗礼を施すヨハネ
『キリストの洗礼』（ヴェロッキオ工房）

名作『サロメ』を生んだ洗礼者ヨハネの最期

イエスに洗礼を施したヨハネだが、まるでそれだけが彼の使命であったかのような最期を遂げる。イエスに洗礼を行なって間もなく、亡き父ヘロデ大王の後を継いだ、**ヘロデ・アンティパス**に捕らえられて、投獄されてしまうのだ。

罪状は反逆罪。ヘロデ・アンティパスは、弟の妻であったヘロディアと結婚したことをヨハネに厳しく糾弾され、強い不快感を抱いていたのだ。もちろん、日に日に高まるヨハネの名声と影響力に、恐怖を覚えたことも要因の一つだ。

ヘロディアもまた、結婚に反対したヨハネを恨んでいたため、さっさと殺せばいいと考えていた。しかし夫のヘロデは民衆の目もあり、なかなか手を下せない。

そんな折、ヘロデの誕生日がやってきて盛大な祝宴が繰り広げられた。宴を最も盛りあげたのは、ヘロディアの連れ子である娘の優雅な踊りだ。気分をよくしたヘロデは、娘に言い放つ。

「欲しいものがあれば、何でも好きなものを与えよう」

困り果てた娘は、母ヘロディアに何を願ったらいいのか相談した。ヘロディアはこぞとばかりに、**「ヨハネの首を」**と、答えさせる。娘に告げられたヘロデ・アンティパスは大変困惑したが、大勢の客人の前で約束したこともあり、ヘロディアの願いを叶える。ヨハネは執行人の手によって斬首刑に処され、生涯を終えたのだった。

この物語は聖書の中でも特異なストーリー性を持つことから、多くの芸術作品のモチーフになっている。イタリアのティツィアーノやドイツのデューラーの絵画でも有名だが、最も世に知らしめたのは、十九世紀の劇作家オスカー・ワイルドの作品『サロメ』だ。

物語は、ヘロディアの娘サロメ（ただし、聖書にはサロメという名は出てこない）がヨハネに恋心を抱くという設定で進行する。そして、自分に振り向いてくれないヨハネを手に入れるため、サロメは父に首を所望するのだ。手に入れた首を愛おしそうに抱き、キスをするサロメを見て恐怖を感じた王は、娘も処刑してしまう。

このワイルドの物語は、オーブリー・ビアズリーが挿絵を担当し、現在も熱狂的なファンを持っている。さらにギュスターブ・モローの絵画や、R・シュトラウスのオペラなど、影響を受けた芸術家は数多い。

〝悪魔の誘惑〟は、実は「神からの試験」だった？

さて、ヨハネから洗礼を授かったイエスは、布教活動に入る前に、死海の北に位置するクムラン周辺のユダの荒野に向かった。**四十日間の断食**に入るためである。

かつてモーセは、シナイ山で四十日四十夜、神のもとで飲まず食わずの修行をしたが、イエスの断食はこの故事に基づいたものとされている。

やがて、イエスが空腹を感じ始め、それに耐えていると、悪魔が現われた。悪魔は、

「神の子なら、これらの石がパンになるように命じたらどうだ」

と話しかける。するとイエスは旧約聖書の神の言葉を引用し、

「人はパンだけで生きるものではない。神の口から出る一つ一つの言葉で生きる」

と、はねのけた。次に悪魔はイエスをエルサレムの都まで連れ出し、神殿の屋根の端に立たせて挑発した。

「神の子なら飛び降りたらどうだ。神は天使たちに命令してお前を助けるだろう」

イエスはまたしても旧約聖書の言葉から、

「聖書には、あなたの神を試してはならないとある」

と、退けた。それでも悪魔は諦めない。イエスを山の頂上まで連れて行き、この世の栄華を見せ、

「もしひれ伏して私を拝むなら、これをみんなお前に与えよう」

と、そそのかした。イエスはこう言い放った。

「退け。『あなたの神である主のみを拝み、ただ主に仕えよ』と聖書に書いてある」

悪魔は去っていった。この悪魔は、神がイエスを試すためにわざと使わせたのではないかとも考えられている。

4 なぜ「山上の説教」は人の心を一瞬でとらえたのか

悪魔の誘惑に打ち勝ったイエスは、ガリラヤ地方を中心に、宣教活動を行なうようになる。

そこで起こした奇跡と説教の評判は日に日に高まっていった。

イエスが起こした奇跡として有名なものに、母マリアや弟子たちとともに招かれた結婚式の宴で、水を葡萄酒に変えた話がある。

宴の最中、客のために振る舞うべき葡萄酒が足りなくなってしまい、台所を仕切っている女性たちが慌て始めた。

マリアがイエスにそっと告げると、イエスは召使いを呼んで、清めのための水瓶六個を水で満たし、主賓の前に持って行くように告げた。すると不思議なことに、水は

すべて最高級の葡萄酒になっていて、主賓たちは、
「最後まで一番いい葡萄酒を取って置くとはすばらしい」
と、口々に花婿を褒めたたえたという。奇跡を目の当たりにした弟子たちは、イエスにますます傾倒するようになった。

他にも湖を船で渡る最中、襲いかかってきた嵐を鎮めたり、湖の上を歩いたり、わずかな魚とパンで大勢の人の空腹を満たしたりと、イエスは数々の奇跡を起こしている。「ヨハネによる福音書」によると、

「イエスの偉業一つひとつを書くなら、世界もその書物を収めきれないほど」

なのだそうだ。

中でも人々の心をしっかりとつかんだのは、病気の治癒だ。

イエスのもとに皮膚のただれた患者がやってきた時のこと。イエスは深く憐れみ、その人の体に触れ、「清くなれ」と告げた。すると、たちどころに男の皮膚は元のように戻った。

他にも「人よ、あなたの罪は赦された」と告げられただけで、運ばれてきた担架を

自らかついで帰るほど元気になった男性がいる。十二年間も出血に悩まされ、蓄えていた富を治療のために全て使い果たして途方に暮れていたところ、イエスの衣に触れただけで治った女性がいる。悪霊に取り憑《つ》かれ、口がきけなくなっていたところ、イエスに一喝されただけで瞬《また》く間《た》に回復した少年もいる。

ユダヤ教では「病人＝罪人」だった？

中でも大きな奇跡は、**死者を蘇らせた**ことだろう。

ある日、エルサレム近郊のベタニアという村から、二人の姉妹がやってきて、弟のラザロの病を治してほしいと懇願してきた。しかしイエスは、

「その病気は、死で終わるものではない」

と言い、二人を帰らせた。

ところが数日後、イエスが弟子たちと共に姉妹のもとを訪れると、ラザロはすでに亡くなっていた。しかしイエスが墓の前に立って天を仰ぎ、

「ラザロ、出てきなさい」

と、大声で呼びかけると、なんと手と足を布で包まれたラザロが、生きて出てきたのだ。

「イエスの教え」と「ユダヤ教」の〝決定的な違い〟

イエスの病気治癒は、実は深い意味を持つ。

当時のユダヤ人の間では、**病気は犯した罪の報い**だとされていた。皮膚の病は罪の結果で、心の病は悪霊の仕業だ。

そのため、人々は病気になる人間は罪人だと考えていた。イエスは言葉によって彼らを癒し、奇跡によって彼らの罪や悩みを担い、赦したのだ。

そんなイエスの考えは、有名な「山上の説教」の一説からも垣間見られる。

「心貧しい人々は、幸いである、天の国はその人たちのものである。悲しむ人々は、幸いである、その人たちは慰められる。柔和な人々は、幸いである、その人たちは地を受け継ぐ」

この世で悩み、苦しんでいる人こそ、天の国で救われるという。イエスは続ける。

「復讐してはならない。右の頬を打たれたら、左の頬を差し出しなさい」

「敵を愛しなさい」

「人を非難してはいけない」

「求めなさい。そうすれば、与えられる。探しなさい。そうすれば、見つかる」

群衆たちは、イエスの言葉を感激をもって迎え入れたという。

というのも、律法が重視された当時、ユダヤ人が一日で守るべき条項は六百十三項目もあり、ユダヤ教の祭司たちにそれを遵守させられていたからだ。これで病気にならないわけがない。イエスは彼らの気持ちをほぐし、解き放ったのである。

イエスの信者はますます増えていった。

5 使徒ペトロへの「受難予告」とエルサレム入城

しかし、イエスが人々に支持されていくのと反比例するように、ユダヤの祭司たちや律法学者、ファリサイ派の人たちはイエスを敵視し始めた。彼らにとってイエスの教えは、ユダヤ教を軽んじるかのようにも見えた。

長年の変遷を経て、**ユダヤ教の律法は「思想」というよりも「行為そのもの」を重視するようになっていた。**簡単にいえば、それに違反すると罪人扱いされる「日常生活必須マニュアル」と化していた。

たとえば安息日（現在の土曜日）に調理をすることは「安息」していないとして禁じられる、などである。

それに対し**イエスが大切にしたのは、その「本質」**。とにかく神を愛し、隣人を愛するよう説いたのだ。律法に対する解釈の違いは、両者の溝をどんどん深めていく。

ある安息日に、イエスとその弟子たちが麦畑の側を歩いていた時のこと。弟子たちは空腹のあまり、麦の穂をとって食べた。すると、それを見ていた、ユダヤ教でも最大の勢力を持つファリサイ派の人々が、

「安息日に禁止されている収穫という行為ではないのか」

と、イエスを非難した。イエスはこう切り返した。

「安息日は、人のために定められた。人が安息日のためにあるのではない」

安息日とは、体を休めて神に祈るためにあるもので、労働しないことに意義を見いだすものではないというのだ。

別の安息日には、イエスが人々に神の教えを説いていた。説教中にイエスは、聴衆の中に手に障害がある人がいることに気づく。この時、聴衆に混じって何人かのファリサイ派の信者が、イエスの行動を見張っていた。

もし治療行為をすれば、安息日に仕事を行なったことになる。そうすれば、違法行為を行なったとして、イエスを訴えることができる。イエスは彼らの考えを見抜きつつも、障害のある人に治療を施した。

そして、問う。

「安息日に善を行なうのと行なわないのとでは、どちらがよいのか。人の命を救うことと殺すことでは、どちらがよいのか」

そんなイエスの行為や言葉は、律法を遵守することこそをよしとしてきたファリサイ派の人々には届かなかった。それどころか、神を汚し、人々を惑わすものとして、イエスは激しく憎まれるようになっていく。

イエスと激しく対立した〝ファリサイ派〟とは？

ところで、新約聖書にたびたび登場するユダヤ教の派閥だが、**「ファリサイ派」「サドカイ派」「エッセネ派」「熱心党（ゼーロータイ）」**の大きく四つに分けられる。

イエスを厳しく糾弾するファリサイ派は、実は職人や農民など、中産階級の信者が多く、民衆の中で活動してきた派閥だ。そのため、貧困層からの支持も高かった。

一方、サドカイ派は祭司、貴族など裕福な人物が中心になっていたため、さらに権威的な傾向があったようだ。ファリサイ派と並ぶ二大勢力だったが、律法の解釈などをめぐって対立していた。

エッセネ派は、禁欲的生活の中に神の教えを見いだそうとしていた。そのため一生独身を貫き、自給自足の共同生活を送っていたという。ちなみに、**洗礼者ヨハネはエッセネ派だったのではないか**とされている。

熱心党は、ユダヤ教の「過激派」である。ファリサイ派があまりに政治に無関心なので決別し、反ローマ帝国の武装蜂起を目指すようになる。自分が血を流すことで神を目覚めさせるというような、現在のイスラム原理主義テロリストにも似ている面がある（後述するイエスの代わりに恩赦されたバラバも、その指導者だったといわれる）。

そして、イエスの死後、キリスト教の誕生とともに、ユダヤ人の間では熱心党主導の「反ローマ」の気運が高まっていく。そして六六年〜七〇年の**ユダヤ独立戦争**となるのだ。

共通して言えるのは、彼らは「神の教え」を決して権力のためだけに利用していたわけではないということだ。モーセの律法を何よりも重視し、完璧に忠実であろうとしたがために、自らを縛り、イエスとの激しい対立を生んでしまった。とにかく熱心でまじめな信者たちだったのだ。

『旧約聖書』の預言どおりにエルサレムへ出立

そもそも、イエスもユダヤ人として生まれた。

イエスは弟子たちにこんな話をしている。

「人々は私のことを何者だと言っているか？」

すると、弟子たちは答えた。

「洗礼者ヨハネだという人もいますし、預言者エレミヤだ、預言者エリヤだ、また預言者のひとりだという人もいます」

イエスは再度、弟子たちに問う。

「あなたがたは私のことを何者だというか？」

「あなたはメシア、神の子です」

答えたのは弟子のペトロだ。

イエスはこの言葉を受け、**自分の正体がメシア（救世主）である**ことを打ち明け、ペトロに他言をしないよう念を押してから、まもなく自分はエルサレムへ行き、そこで罪を着せられ殺されるが、**三日目に復活することを預言**する。**「受難予告」**である。

イエスは自分の救世主としての役目を果たすべく、エルサレムへ向かった。エルサレムに近づくとイエスは、弟子に命じてロバを近くの村から連れてこさせた。**旧約聖書の預言どおり、ロバに乗ってエルサレムへ入城するため**だった。

6 「最後の晩餐」でイエスと十二弟子は何を話したか?

イエスの到着を、エルサレムの人々は喜びをもって迎えた。

通り道に自分の服を敷き、木の枝を切って道を飾り、歓喜の言葉を叫んだ。ファリサイ派やサドカイ派の祭司たちもまた、イエスの到着を待ちわびていた。なんとかしてイエスを陥れようと画策していたからだ。

そんな中、イエスはエルサレムに着くやいなや、驚くべき行動に出る。神殿に向かい、中庭で売り買いをしていた商人たちをなんと無理矢理追い出し、両替人の机や鳩を売る者の腰掛けを倒すなど、大暴れしたのだ。

「『私の家は祈りの家とよばれるべきだ』と、聖書に書かれているではないか。それをあなたたちは強盗の巣にしている」

イエスは、神殿を祈りの場所として清めたのである。これを見た神殿の祭司たちはおもしろくない。神殿での商売を認め、利益を得ていたのは自分たちだったからだ。祭司たちは激しい議論をふっかけるが、イエスはそれを次々と論破する。

“ユダの裏切り”は「神のプログラムの一つ」だった？

そんな中、イエスは人々に神の愛と隣人愛をわかりやすく説き続け、ユダヤ教の律法主義を非難した。こうして民衆へのイエスの影響力が強まるにつれ、祭司たちの反感は強まっていった。

ここで、**イエスと弟子たちの間にも微妙なすきま風**が生まれ始めていた。

たとえば、ヤコブとヨハネはイエスに、

「神の国が実現したなら、あなたの右と左に私たちを座らせてほしい」

と、申し出ている。もちろんその願望はイエスに一蹴された。

ヤコブとヨハネにとってみれば、全ての財産をなげうって巡礼の旅を共にしてきたのだ。それくらいの恩恵は……ということなのだろうが、見返りを求める行為をイエスはよしとしなかった。

ユダもイエスに不満を覚えた一人だ。ある時、一人の女性がイエスの足に高価な香油を塗り、自分の髪でその足をぬぐった。それを見たユダは、

「その香油を売ってお金にすれば、貧しい人に施しができるものを」

と、非難した。するとイエスは女性を擁護した。

「この人のするままにさせておきなさい。私の葬《ほうむ》りの日のために、それを取って置いたのだから」

弟子たちも、イエスの奇跡を信じてはいたものの、その教えを十分に理解できていたわけではなかったのだろう。

こうしてイエス殺害計画を立て始めた祭司長たちに対し、**ユダが裏切りの行為に出る**のだ。ユダは大祭司カイアファのもとを訪れ、聞いた。

「イエスをあなたたちに引き渡せば、いくらくれますか?」

大祭司たちは銀貨三十枚だと伝えた。ユダはそれを受け取ったのである。

この裏切りの背景には、今でもさまざまな憶測が囁《ささや》かれている。単に欲望に目がくらんだという説や、悪魔に取り憑かれたという説。

イエスに失望したという説もある。イエスこそ、かつてのダビデやソロモンのように、ユダヤに再び栄華をもたらす英雄と見込んで自分はついて行ったのに、**イエスは軍事的ではなく精神的な面で人々を満たそうとした**。そこに、ユダ自身が裏切られたような感覚を覚えたというのだ。

さらに、あえて悪役を買って出たという説もある。神の計画は、イエスが自ら十字架にかかって死ぬことで成就する。**ユダの裏切り行為は、神のプログラムの一つだったというのだ。**

なぜキリスト教では〝パンと葡萄酒〟が重要な意味を持つのか

過越祭に入った頃、イエスは弟子たちと共に食事をとる。これがのちに**「最後の晩餐」**と呼ばれるものだ。

イエスにはすでに自分が裏切られ、その後に処刑されることがわかっていた。食事の最中、イエスは弟子たちにパンを割いて分け与えて語った。

「取って食べなさい。これは私の体である」

次に葡萄酒の入った杯を弟子たちに回し、言った。

「飲みなさい。これは私の契約の血である」

キリスト教でパンと葡萄酒が重要な意味を持つものとして扱われるようになったのは、このことに基づいている。続いてイエスは断言した。

「ここに座っているあなたがたのうちの一人が、私を裏切ろうとしている」

弟子たちは驚きうろたえ、口々に、

「まさか私のことでは」

と、イエスに問うた。

「裏切り者」を知っていたのはイエスと、すでに大祭司らと取り引きを終えていたユダのみだった。

7 なぜイエスは裏切りを知りながら十字架にかけられたのか？

その夜、最後の晩餐を終えたイエスたちは、祈りを捧げるために**オリーブ山のゲッセマネの園**へと出かけた。

そこでイエスはこの先、弟子たちが自分を見捨てることを告げた。

ペトロは、

「私は決して見捨てることはありません」

と答えたが、イエスは言った。

「あなたは夜が明け、鶏が鳴く前に三度、私のことを知らないと言うだろう」

そして、弟子たちにゲッセマネの園で待つように言いつけ、最も近しい弟子であるペトロ、ヤコブ、ヨハネの三人を連れて、さらにその奥に向かった。イエスは死の哀しみを感じて、悶えるように祈った。

「父よ、あなたはなんでもおできになります。できることならこの私の苦しみの杯を取り除いてください。しかし、私の意志ではなく、あなたの御心のままになりますように」

イエスが苦しみに耐え、ひたすら祈りを捧げている間、三人は寝てしまっていた。イエスは三度も弟子たちを叱りつけ、起こした。

「立て、行こう。見よ、私を裏切る者が来た」

裏切り、逮捕、死刑宣告――全ては「預言の成就」のため！

その時、ユダが剣や棒を持った大祭司たちを連れて、イエスのもとへやってきた。ユダがイエスに近づき接吻をすると、それを合図に彼らはイエスを捕らえた。大祭司たちは、イエスを支持する群衆がいない時を見計らって計画を実行したのだ。この時、剣を手にしたペトロが大祭司の部下の耳を切り落としたが、イエスは、

「剣を取る者は皆、剣によって滅ぶ」

と、それを制す。そして、この逮捕は「**預言の成就**」のためだと告げると、弟子た

ちは一目散に逃げ出してしまった。

捕らえられたイエスは、大祭司カイアファに引き渡され、審問にかけられた。もともとイエスを死刑にしようと考えていた彼らは、極刑に処すためのあらゆる証拠や証言を探そうとするが、なかなか出てこない。

そこで、カイアファはイエスに尋ねた。

「お前は神の子、メシアなのか？」

イエスは自らをメシアだとはっきりと認めた。

それを聞いたカイアファは、

「これ以上、証人はいらない」

と、死刑に処せよとわめく。当時のユダヤ教では「自分は神と等しい存在だ」とすることは、唯一の神に対する冒瀆だとされていたからだ。議員たちは満場一致で死刑を可決した。

その頃、イエスの連行と同時に逃げ出したペトロは、中庭でその様子をうかがって

いた。そして、女中や民衆に三度にわたって、

「イエスと一緒にいた人ではないか？」

と聞かれるが、

「そんな人は知らない」

と三度、答えてしまう。その直後に鶏が鳴いた。

ペトロはイエスの言葉を思い出し、激しく泣くのだった。

一方ユダは、イエスが死刑になるとは夢にも思っていなかった。そこで大祭司たちに銀貨三十枚を突き返し、なんとか判決を取り消してもらおうとした。しかし、聞き届けられるわけがない。

ユダは銀貨を神殿に投げ入れ、首を吊って自害したという。

イエスは〝政治犯の罪〟で磔《はりつけ》にされた！

当時、ローマ帝国の支配下にあったユダヤ人には、死刑執行の権限がなかった。そこで、夜が明けると同時に、イエスは**ローマのユダヤ総督ピラト**に引き渡されること

になった。ピラトはイエスに尋問をしたが、罪にあたるようなことは何も見つからない。

そこで、その判断をユダヤ人にゆだねることにした。

ちょうどその頃、エルサレムは過越祭で、この時期には囚人一人を釈放するという習慣があった。ピラトは殺人犯バラバとイエスのどちらを釈放するかを民衆に問うた。当然イエスかと思いきや、民衆からはなんと、

「バラバを釈放せよ。イエスは死刑だ」

という声が上がった。大祭司らが前もって民衆に根回ししていたこともあったが、民衆もまたイエスに失望していた。

民衆がイエスに望んでいたのは、ローマの統治下から解放してくれるという意味での救世主であり、強いリーダーとしての働きだったのだ。

バラバは釈放されたが、イエスは紫の服を着せられ、茨の冠をかぶせられた。そして、民衆にののしられ、兵士に鞭打たれながら処刑場のある**ゴルゴタの丘**へ連行され

る。

その日の午前九時、イエスは二人の強盗とともに、十字架に釘で手足を打ちつけられた。

十字架刑は、ローマの政治犯を見せしめとして処刑する方法だ。イエスは政治犯の罪で磔《はりつけ》にされたのだ。

痛みをやわらげるため、薬入りの葡萄酒が与えられたが、イエスはそれを拒否したという。

さらに**「ナザレのイエス、ユダヤ人の王」**と書いた板を頭上に掲げられ、服を引きちぎられた。服はくじ引きで兵士らに山分けされた。

その時、黒闇がたちこめ、地震が起こった！

祭司をはじめ、その場に居合わせた人々は口々に、

「神に頼んで今すぐ助けてもらえよ」

「神に愛されているなら、救ってもらえるだろう」

茨の冠をかぶせられ「磔刑」に処されたイエス
『磔刑』（マティアス・グリューネヴァルド）

と、イエスをののしった。

すると、真っ昼間にもかかわらず、突然辺りが真っ暗になった。時刻は昼の十二時。その暗がりは十五時頃まで続いた。

そして、おもむろにイエスが叫んだ。

「エリ、エリ、レマ、サバクタニ」

これは「**神よ、なぜ私をお見捨てになったのですか**」という意味である。そして、そのままイエスは息を引き取る。

その瞬間、神殿の垂れ幕が上下真っ二つに裂け、小さな地震が起こった。それを目の当たりにした人たちは、

「この人は本当に神の子だった」

とおののいたという。

8 「イエスの復活」によって弟子たちに何が起こったか

磔刑によって十字架の上で息絶えたイエス。ある兵士が、本当に死んだのかを確かめるために、**槍でイエスの脇腹を刺した。**すると傷口から血と水が出てきたが、イエスは息絶えていた。

そんな**イエスの死と十字架から引き下ろされる様子を見守り続けたのは、イエスの母マリアやマグダラのマリアら、女性たち**だった。

夕方になると、遺体は**アリマタヤ出身のヨセフ**という人物に引き取られた。ヨセフはピラトの許可を得て、イエスの遺体に没薬と沈香《じんこう》を塗り、亜麻布《あまぬの》を丁寧に巻いた。そして岩に掘った新しい墓に亡骸をおさめ、入り口を大きな石でふさいだ。

なぜ復活したイエスは四十日間、この世にとどまったのか？

翌日は安息日であったために誰も近寄らなかったが、その二日後の明け方に、マグダラのマリアをはじめとする女性たちが、香料を持ってイエスの墓を訪れた。すると、墓の石が動いていて、イエスの遺体はなくなっていたのだ。

墓の中には白い衣を着た若者が座っていて、女性たちに告げた。

「**あなた方が探しているイエスは、復活して、もうここにはいません。**行って、ペトロや弟子たちに『イエスはガリラヤに行かれた。そこで会うことになる』と伝えなさい」

驚いた彼女たちは弟子のペトロとヨハネを呼んだ。彼らが見たのもやはり、空になった墓の中だった。

その後、墓でマグダラのマリアが泣いていると、二人の天使が現われた。しばらくして後ろを振り向くと、**なんとそこにはイエスの姿が。**

マリアは驚きながらも喜びに震えた。イエスは、そんなマリアに、

「このことをみんなに伝えなさい」

と言った。

しかし、それを信じる者はいない。そのため、イエスは何度も弟子たちの前に現われ、驚く弟子たちに手のひらや脇腹に残る傷を見せて信じさせている。

そうして**イエスは四十日間、この世にとどまり神の国の教えを説くと、オリーブ山で昇天**した。


イエス復活の際、最も重要な役割を果たしたのはマグダラのマリアだろう。

彼女はイエスにより、七つの悪霊を追い払ってもらったとされている。その悪霊とは、傲慢、強欲、淫乱、激怒、嫉妬、大食、怠惰である。

このマグダラのマリアだが、イエスがその奇跡により生き返らせたラザロの姉とも、イエスに香油を注いだ女性とも言われている。また、娼婦だったという説もあるが、福音書には娼婦だったとの記述は見られない。

小心で未熟だった弟子たちの〝成長〟と〝殉教〟

さて、イエスの処刑は紀元三〇年頃のことと言われている。イエスの死後、イエスの弟子であったことを民衆に知られるのを恐れ、雲隠れしていた弟子たちだったが、**「復活」という奇跡**を目の当たりにすると、生まれ変わったようになる。

その後、弟子たちは宣教活動に身を捧げ、**イエスの教えを伝道して回った**のだ。

しかし、当時まだ新興宗教だったキリスト教は、土着の宗教を持っていた人々からほとんど受け入れられなかった。さらに、為政者からも「民衆を煽《あお》って反乱を起こそうとする危険な集団」と見られていた。そのため、**徹底的な迫害**を受けたようだ。

弟子たちの最期が、それを如実に物語っている。

「イエスを知らない」と否定した、**筆頭弟子のペトロ**は、イエスの昇天後は**初代キリスト教会の中心的人物**として活躍している。異教徒にも洗礼を授けるなど布教に尽力

イエス・キリストの十二弟子

ペトロ	イエスの一番弟子であり、弟子たちをまとめていたリーダー的存在。のちの初代ローマ教皇とされる。ヴァチカンのサン・ピエトロ大聖堂は、ペトロの墓と伝えられる地に建てられたものである。
ヤコブ	ペトロ、ヨハネと共にイエスの「三側近」の一人。激情家であったと言われている。「大ヤコブ」とも。
ヨハネ	ヤコブの弟。イエスの最愛の弟子と言われ、十二弟子の中では最年少である。イエスが死に際、母マリアの世話を彼に託した。
アンデレ	ペトロの弟。兄ペトロと共に貧しい漁師であったが、ガリラヤ湖で漁をしていた時にイエスに声をかけられ、弟子となった。
トマス	イエスが死後三日目に復活した際、なかなか信じようとしなかったことから、「疑い深いトマス」とも呼ばれる。
シモン	「熱心党のシモン」とも。その由来には、ユダヤ教の過激な派閥「熱心党」の党員であったという説と、文字どおり熱心な性格だったという説がある。
マタイ	当時最も忌み嫌われていた徴税人であったが、イエスの訪問を受けて弟子となった。
小ヤコブ	「大ヤコブ」に遅れて弟子入りしたため、「小ヤコブ」と言われる。
ダタイ	小ヤコブの兄弟、あるいは子であったとする説がある。
フィリポ	「フィリポ」とは「馬を愛する者」の意だが、馬好きとの記述は『聖書』にはない。
バルトロマイ	知人であったフィリポの紹介で弟子入りした。
ユダ	「イスカリオテのユダ」「裏切り者のユダ」とも。会計係をしていたが、銀貨三十枚とひきかえにイエスをユダヤの大祭司に売ることに。

するが、後にローマで皇帝ネロの迫害にあい、逆さ十字架（頭を下にして十字架に架けられる）で処刑された。

ちなみに、カトリックの総本山、ヴァチカンのサン・ピエトロ大聖堂は、彼の名をとっている。

ペトロの弟アンデレは、ギリシアを中心に宣教に従事。しかしやはり、十字架の上で殉教した。

大ヤコブとも称される、**ゼベダイの子ヤコブ**は、スペインへと移った。ところがエルサレムでヘロデ・アグリッパの策略に遭い、斬首刑に。

トマスはインドのバラモン教徒に槍で突き殺されている。

シモンはペルシアで魔術師にのこぎりで挽かれ、**小ヤコブ**と称される**アルファイの子ヤコブ**は、エルサレムで布教中、脳天をこん棒で割られた。

マタイはエチオピアで暗殺され、**フィリポ**は小アジア（現在のトルコ共和国に相当する地域）で十字架にかけられている。

唯一殉教しなかったのは、イエスから聖母マリアの世話を託されたとされる**ヨハネ**ただ一人だ。彼も教会の発展に尽くし、晩年は小アジアで過ごしたとされる。九十四歳でこの世を去った。

9
“迫害の急先鋒”だった使徒パウロはなぜ回心したのか？

新約聖書二十七巻のうち、十三巻は**「パウロの書簡」**と呼ばれる文書が占めている。パウロは、イエスをユダヤ民族の救い主から人類の救い主へ、つまり、**キリスト教を民族宗教から世界宗教へと発展させた伝道者**で、紀元四七年頃から三回にわたり大規模な伝道の旅に出ている。

「パウロの書簡」はこの道中に信徒や教会に宛《あ》てて送ったもので、福音書よりも早い時期に書かれた。そのため、**キリスト教の真髄を世に伝えるもの**として、現在も新約聖書の中で重要な位置を占めている。

さて、**パウロはもともとファリサイ派の敬虔なユダヤ教徒**だった。若いうちからエルサレムに下り、律法学者の下で学んでいたほどだ。そんな彼にとって、イエスの教えは、ユダヤの律法を軽んじるもの以外の何ものでもなかった。また、イエスが自らを救世主だと称したことも、我慢がならなかった。

パウロはイエスの死後もキリスト教の教会を襲い、信者を捕らえては男女を問わず牢獄に送り込んでいた。**キリスト教最初の殉教者・ステファノ**の死の場面にも立ち会ったという。とにかく弾圧の姿勢は徹底していて、キリスト教徒からは迫害者として恐れられ、疎《うと》まれていた。

「目から鱗《うろこ》が落ちる」は、ここから生まれた！

そんなパウロが、ある日を境にキリスト教徒に生まれ変わる。

ある日パウロ（回心前はサウロというヘブライ名を名乗っていた）は、ダマスコ（現ダマスカス）にいるキリスト教徒を捕らえようと、エルサレムを発つ。その道中、突然、天から目のくらむような強烈な光に襲われたのだ。落馬し、呆然とするサウロ。

するとその耳に、

「サウロ、サウロ、なぜ私を迫害するのか」

という声が響いてきた。

「主よ、あなたはどなたですか?」

と、問うサウロに、声はやさしく答えた。

「私はあなたが迫害しているイエスである。起きて町に入りなさい。すると自分のなすべきことが知らされるでしょう」

それ以来、サウロは視力を失ってしまい、飲まず食わずで過ごすはめになってしまう。

そして三日後、ようやくダマスコにたどり着いたサウロの前に、アナニアという男が現われる。というのも、その前日、アナニアの夢にイエスが現われた。そして、

「サウロを助けなさい。彼は、私の名を伝え広めるために私が選んだ器だ」

と告げる。サウロが迫害者だと知っていたアナニアは拒否しようとするが、イエスのお告げに従い、サウロのために祈った。

すると、**サウロの目から鱗《うろこ》のようなものが落ち、再び光を取り戻した。**

彼は即座に洗礼を受け、キリスト教に改宗した。ちなみにこのエピソードが、ことわざ**「目から鱗が落ちる」**の語源である。

え入れられた。

キリスト教はなぜ「世界宗教」へと発展したか

このパウロの回心は、ユダヤ教徒にはもちろん、キリスト教徒にも非難をもって迎

孤高のスタートではあったが、彼は**三度にわたって長い伝道旅行**を実施。その移動距離は、地球半周に相当する約二万キロにも及ぶほどで、そこで多くの信者を獲得している。彼が「**キリスト教発展の礎**」と呼ばれるゆえんだ。

また彼は、改宗してから死ぬまでの三十年間に、**ローマ帝国領で約三十の都市に教会を設立**したとされている。

彼はベニヤミン族の出身で、「ユダヤ人の中のユダヤ人」であったが、**生まれながらにしてローマ市民権を持っていた**。当時、広大な領地を所有していたローマを自由に旅行できる立場は、布教活動に大きなメリットを与えた。

パウロは信徒を増やすだけでなく、「**キリスト教のアイデンティティの確立**」にも

尽力した。

パウロらが布教をする中で、キリスト教徒は増え始めた。中にはユダヤ人以外の人々も多くいた。そこで問題になったのは、彼らはユダヤ教とキリスト教を別のものとして受け入れていたことだ。異邦人の彼らにとって重要なのは、ユダヤの律法ではなく救世主・イエスの教えだった。

とはいえ、キリスト教はもともとユダヤ教から派生したもの。エルサレムにいる信者をはじめ、律法に縛られて生活を送る信者はたくさんいた。そして、彼らは異邦人にもユダヤの律法の遵守を要求した。

そこで、パウロはエルサレムで**「エルサレム使徒会議」**に出席。割礼や食物規定の免除など、異邦人に対する取り決めをまとめたのだ。これにより、さらに**キリスト教は世界宗教へと発展**することになる。

しかし、そのために多くの敵を作り、命を狙われることになる。幽閉生活を送りながらも精力的に活動したが、結局、殉教した。

彼を死に追いやったのは、暴君として名高い**皇帝ネロ**だったと言われている。

3章

『聖書』がわかれば、世界がわかる！

……歴史、名画、音楽を「見る目」が深くなる

1 ユダヤ教、キリスト教、イスラム教は〝同じ神〟を崇めている!?

さて、ここまで『旧約聖書』と『新約聖書』の内容を見てきたわけだが、前述したとおり、聖書はユダヤ教、キリスト教信者だけのものではない。

意外と知られていないが、中東、アフリカ、東南アジアなどの地域に多数の信者を抱える**イスラム教でも、聖書（の全巻ではないが）が正典とされているのだ。**

それだけではない。ユダヤ教、キリスト教、イスラム教の三つの宗教は、**「アブラハムの宗教」**と呼ばれ、ひとくくりに扱われることがある。

話は旧約聖書の「創世記」にさかのぼる。1章でも書いたとおり、預言者・アブラハムには母親の違う二人の息子、イシュマエルとイサクがいた。そして、兄イシュマエルがイスラム教を信仰するアラブ人の先祖、弟イサクの息子・ヤコブがイスラエル人の先祖であるとされている。

前述のとおり、イスラエル人とはユダヤ人であり、イエスはユダヤ人であった。つまり、**アブラハムを「民族の祖」および「一神教の始祖」として崇敬している点で、三つの宗教は根を同じくしているの**である。

したがって、ユダヤ教の神「ヤハウェ」、キリスト教の神「ゴッド」、イスラム教の神「アラー」は、全て同じ神ということになる。

最後の預言者・ムハンマドと『コーラン』

今日、約十三億人の信者数を持つイスラム教は、アラビア半島の都市メッカに生を受けた商人・**ムハンマド**を開祖とする宗教である。

六一〇年頃、瞑想するムハンマドの元に大天使ガブリエルが現われ、幾度にもわたって**唯一神・アラー**からの啓示を与えた。それを彼は口伝えで人々に広め、信徒を増やしていった。ムハンマドの死後約二十年を経てから、弟子たちがその啓示を書き記したのが、**イスラム教独自の正典『コーラン』**である。

イスラム教では、神は自らの意志を伝えるため、アブラハムをはじめ、多くの預言者を遣わしてきたという。しかしそれでも神にとっては、十分な人類の悔い改めは得られなかった。そこで、〝最後〟の啓示を送る預言者として、ムハンマドを選んだのだという。

意外!? イスラム教徒も『聖書』を正典としている

さらに、イスラム教では神の啓示を伝えた預言者として、ムハンマドの他にも、アブラハム、ノア、モーセ、イエスなど聖書に登場する預言者たちを**「五大預言者」**として称えている。

そして、神から預言者たちに伝えられたとされる四つの書物を正典としているのだ。それは、

○モーセに下された『タウラート』(旧約聖書の「モーセ五書」をさす)
○ダビデに下された『ザブール』(旧約聖書の「詩篇」をさす)

○イエスに下された『インジール』（新約聖書の「福音書」をさす）
○ムハンマドに下された『コーラン』

の四つである。一部ではあるが、旧約聖書と新約聖書のどちらも読まれていることには、意外性を感じるかもしれない。だが、イスラム教がユダヤ教、キリスト教と同じ根を持った宗教であることを思い出すと、ごく自然なことなのである。

しかし**イスラム教徒にとっては、ムハンマドこそが最後にして最大の預言者**である。そのため、この四つの書物の中でも、ムハンマドに下された『コーラン』こそが、最も重視されているのだ。

以上、ここまで述べてきたことをまとめると、各宗教が正典とする書物は次のようになる（最重視している書物に◎をつけた）。

○ユダヤ教…◎旧約聖書
○キリスト教…旧約聖書、◎新約聖書

○イスラム教…旧約聖書（一部のみ）、新約聖書（一部のみ）、◎コーラン

このように、「アブラハムの宗教」三つは、正典とする書物を多くの部分で同じくしているが、それぞれに最重要視する書物が異なっている、ということになるだろう。

イエスは神の子？　ユダヤ教の指導者？　五大預言者の一人？

このような重複する歴史を持つ「アブラハムの宗教」の教義をわかりやすく理解する手がかりとして、**「イエス・キリストを神の子として捉えるかどうか？」**がある。

歴史上に実在したイエスを、どのように解釈するかで、各宗教の「根本理念」が浮き彫りにされてくるのである。

もちろんキリスト教では、**イエスは神が人類の罪を贖《あがな》うために遣わした、「神の子」**であり、神がイエスを通してイエスに従う人々と交わした「新約」、つまり新しい契約によって、人類は真の救いを得ることができる、と考える。

「アブラハムの宗教」全ての聖地であるエルサレム。
ひときわ目を引くのが「岩のドーム」だ

ところがユダヤ教・イスラム教ではそうではない。

ユダヤ教では、**イエスはユダヤ教の信者、指導者の一人**に過ぎないと解釈される。彼らは旧約聖書に記された救世主の到来が、イエスではない別の存在によって果たされると信じており、それを今も待ち続けているのである。

イスラム教では、前述したように**イエスは重要な「五大預言者」の一人**、という扱いだ。そして、あくまでコーランをもたらしたムハンマドこそが、神の選んだ最高の預言者と考えるのだ。

2 カトリック、プロテスタント、正教会——キリスト教の「三つの流れ」

ところで、約二十億人の信徒を抱えるキリスト教は、その教義の違いによって**「ローマ・カトリック」「プロテスタント」「正教会」**の大きく三つに分けられるが、この違いをご存じだろうか。

キリスト教が三つに分派した経緯を説明するには、イエスの死後に話を戻さなければならない。

2章で記したとおり、イエスの死後、ユダヤ教の一派でしかなかったキリスト教の教えは、弟子たちの布教活動によって、世界宗教へと広がっていった。

まず、**イエスの弟子たちの宣教は東地中海世界へ拡大**していく。ローマ帝国内では徐々に信者が増え続けたが、ローマ帝国のキリスト教迫害は激しく、たくさんの殉教者を出した。とりわけ**皇帝ネロはキリスト教を弾圧**し、ペトロ、パウロが殉教、「**ユダヤ戦争**」と呼ばれる弾圧が起きた。七〇年には、**エルサレム神殿が炎上**してしまう（この戦乱で破壊された神殿の一部が、現在の「**嘆きの壁**」である）。

皇帝ネロ以降も、キリスト教徒の数は増え、ローマ帝国は迫害を続けるが、もっとも激しかったのは、三〇三年から始まったディオクレティアヌス帝による迫害だった。ローマの衰退を皇帝崇拝によって挽回しようと考え、これを拒否するキリスト教徒を徹底的に迫害したのだ。

しかし、三一三年には、ついにコンスタンティヌス帝がキリスト教を公認（ミラノの勅令）、**三八〇年にはテオドシウスⅠ世がローマ帝国の国教と宣言**した。

こうして、キリスト教はヨーロッパ世界へと広がる礎を築いたのである。

ローマ帝国分裂により「東方教会」と「西方教会」に分裂

こうして、キリスト教はローマ帝国の国教となったわけだが、帝国そのものが三九五年に東西に分裂、キリスト教会も、ローマを中心とするラテン語の「**西方教会**」と、コンスタンティノープル（現在のトルコ、イスタンブール）を中心とするギリシア語の**「東方教会」**に分かれた。

そして、時代の流れと共に、それぞれの理念が対立し始め、西方教会は、**「普遍的（カトリック）」**、東方教会は**「正統的（オードソックス）」**と自称した。

そして、一〇五四年、西側が東側に破門状を突きつける形で両者の分裂は決定的になる。以後、西方教会と東方教会は、それぞれ独自の教義と文化を築き始めるのだ。

ルターの宗教改革で「カトリック」と「プロテスタント」に分裂

さらに、十六世紀には、西方教会で大きな分裂が生まれた。

いわゆる**ルターの**「**宗教改革**」によって、**西方教会は「カトリック」と「プロテスタント」に分裂**したのだ。

ローマ教皇が絶対的な権力を握っていたローマ・カトリック教会に対し、聖書を信仰のよりどころにするドイツの神学者、マルティン・ルターの考えに同調する「ルター派」らが、ヨーロッパ各地で抗議の運動を起こしたのである。

ルターがローマ教皇から破門されたことにより、彼らは**「抗議者」**の意味を持つ**「プロテスタント」**と呼ばれ、法王を持たない教会を設立した。

プロテスタントの中でも代表的なものは、ルターの流れを汲《く》む「ルター派（ルーテル派）」、スイスで活躍した神学者ジャン・カルヴァンの流れを汲む「改革派」「長老派」、スイスで誕生した「バプテスト派」、十八世紀にイギリスで生まれた「メソジスト派」だ。

ちなみに現在では、ローマ・カトリック教会は南欧や北欧、中南米、フィリピン、韓国などに多くの信徒を持ち、正教会はギリシアなど南東欧や、東欧、ロシアなどの旧ソ連圏、プロテスタントはアメリカ、イギリスなど西欧諸国で優勢を誇っている。

三大教派で「信仰の対象」はこんなに違う！

このように、一つの教えから出発したはずのキリスト教だったが、二千年の歴史を経る中で、教義や信仰の対象などに大きな違いが生まれてきた。

たとえばヴァチカン市国に本拠をかまえるローマ・カトリック教会は、**偶像崇拝を許容**しており、**聖母マリアをはじめ聖人崇拝が盛ん**である。また、世界で十一億人以上の信徒を束ねることもあり、**最高位の聖職者であるローマ法王の決定が絶対**となる。

ギリシア正教会、もしくは東方正教会とも呼ばれる正教会は、イスラム圏と国境を接していたこともあり、**聖画像（イコン）の崇拝は認めつつも、偶像崇拝は徹底的に禁止**。聖人崇拝も許容する程度だ。

また、ローマ法王のような絶対的権力者は存在せず、コンスタンティノープル総主教、アレクサンドリア総主教、エルサレム総主教、モスクワ総主教など、国・地域ごとに総主教を擁して独立し、連携し合っている。日本のハリストス教会のように、総主教座を持たない独立系の正教会が存在するのも特徴だ。

プロテスタントは「神と人との仲介者はイエス・キリストのみ」と考えるため、法王の存在を認めない。聖書だけを神の啓示の書物と認め、**「万人祭司」**の考えをとる。また、個人の主体的な信仰心を重視するため、キリスト教の原点により近いとも言え

サン・ピエトロ大聖堂。カトリック教会の総本山。
ミケランジェロの『ピエタ』など、宗教芸術の宝庫でもある

るが、分裂しやすく、狂信的な会派を生み出す傾向にあるのも事実だ。

参考としてあげると、「エホバの証人」「統一教会」「モルモン教」といった会派がある。これらの名は日常の中でよく耳にする。

彼らはイエス以外の救済者を持ち、聖書以外の独自の教典を持っているため、どこの会派にも属さない。

そのため、正統派のキリスト教では「異端」だとか「新興宗教」とも称されている。

3 なぜルーヴルには「聖書の名画」が多いのか

われわれが目にする西洋絵画には、聖書をモチーフにした作品が非常に多い。

井出洋一郎氏著の『聖書の名画はなぜこんなに面白いのか』によると、「手元にあるパリのルーヴル美術館カタログから、イタリア画家の人名AからLまで四百点について調べてみたら、約三百点が神話と聖書の主題によった絵画であった」とある。

なぜこんなにも聖書を題材にした絵画が多いのか。それは、当時のヨーロッパは識字率が低かった上に、聖書が母国語に訳されておらず、難解なラテン語だったため。

さらに、一冊一冊が写本で作られていた聖書は非常に価値が高く、一般の人々はもちろん、身分の高い貴族でも触れられるのはごく一部だったためである。

十六世紀初頭、ドイツの神学者マルティン・ルターが「宗教改革」によって聖書をドイツ語に翻訳し、印刷を行なったことでより身近になったようだが、それでも聖書を手にできたのはごく少数。

そんな時代に、人々が聖書の世界を知るには、聖職者らの説教に頼るか、絵画や彫像を見るほかなかった。そのため、**「聖書を理解するための情報源」として宗教画が利用されてきた**のである。

そう思ってみると、旧約聖書の天地創造、アダムとイブの楽園追放、カインとアベル、ノアの方舟、バベルの塔に始まり、新約聖書の受胎告知からイエスの誕生、幼少期、洗礼、受難、復活と、場面がこと細かに描かれ、天才芸術家や巨匠の作品も、聖書の挿絵のように見えてくるから不思議だ。

ダ・ヴィンチ、ミケランジェロ――世紀の天才が描いた『聖書』の世界

宗教画の中で最も有名なのが、**「受胎告知」**だろう。レオナルド・ダ・ヴィンチを筆頭に、ボッティチェリ、フラ・アンジェリコ、フィリッポ・リッピなどが傑作を残している。

処女マリアが天使ガブリエルに「神の子を身ごもった」と告知されるシーンで、見所はマリアの表情だ。ガブリエルの告知によって揺れ動くマリアの様子、**「戸惑い」「思慮」「問い」「謙譲」「徳」は、キリスト教では賞賛すべき美徳**とされ、芸術家たちも念頭に置きながら描き分けていた。

新約聖書のハイライトの一つ、**「磔刑」**も、多くの画家らに描かれている。ディエゴ・ベラスケス、フランシスコ・デ・ゴヤ、エル・グレコらの作品が有名だが、この場面を切り取る芸術家はあまりにも多い。画家にとって一つの目標ともなるシーンなのだろう。

「磔刑」の前後を描いた作品にも名画が多い。特に、キリストがまさに磔になる様子を描いたルーベンスの『キリスト昇架』、イエスの亡骸をおろす様子『キリスト降架』は傑作として名を轟かせる。児童文学『フランダースの犬』で主人公の少年ネロが、死に際に見た「憧れの絵画」としても有名だ。

ところで、筆者が好きなのは、十字架から降ろされ、埋葬される前のイエスを聖母

ミケランジェロの比類なき大傑作『ピエタ』。
あまりの美しさに、何度か受難も経験している

マリアが抱くモチーフ「**ピエタ**」だ。

そして「ピエタ」と言えば、ミケランジェロの彫像『サン・ピエトロのピエタ』は外せないだろう。彼は、ピエタ制作に生涯かけて四度挑戦している。

しかし完成させたのは『サン・ピエトロのピエタ』のみ。それだけあって比類なき大傑作で、あまりの美しさに正気を失った男に破損をされたり、自分を「イエスだ」と名乗る男にたたき壊されたりと、数々の憂き目に遭っていることも記しておこう。

この「約束事」を知れば、聖書の名画を十倍楽しめる

さて、聖書の名画を鑑賞するときには、

聖書の知識を頭に入れておくのはもちろん、描かれた聖人たちの「アトリビュート」を知っておくと、より鑑賞が楽しくなる。

「アトリビュート」とは、絵画に登場する聖人が誰かを判別する「手がかり」になる、特定の持ち物を指す。代表的なものをあげてみよう。

○聖母マリア……青と赤の服、おしべのない百合の花、冠
○ヨセフ……羊の服、十字架
○洗礼者ヨハネ……らくだの毛の皮衣、斧のある切り株、十字の杖、足、「Ecce, Agnus Dei（見よ、神の子羊）」の文字
○ペトロ……鍵、書物、雄鶏、上下逆の十字架、三重の横木をもつ司教杖、ナイフ
○マタイ……有翼の人物（黙示録の生き物の一つ）、書物、ペン、インク壺、斧
○ヨハネ……蛇の巻き付いた杯、書物または巻物、くちばしでペンかインク壺をくわえる鷲、釜
○ユダ……銀貨を入れた袋、財布、鳩、悪魔
○マグダラのマリア……香油壺

○イエス……茨の冠、パンとワイン、そして脇腹に槍による傷がない時は布教活動中で、傷があるときは復活後だとされている

ちなみに、書物やペン、インク壺などは、「福音書記者」としてのアトリビュートを表わす。斧などは殉教に関連したものである。


さて、聖書にまつわる絵画についてしばしば、

「聖書では偶像崇拝が固く禁じられているのに、なぜ宗教美術品は多いのか」

と、質問されることがある。

答えは簡単で、美術品は美術品であって、決して神ではないからである。作品を通して神について思う、いわば「恋人の写真」のような役割にすぎないのだ。もっとも、初期の頃には教義上、赦されるのかどうか大論争になったようだが……。

ひとつ言えるのは、仏像そのものにご利益があると考え、描き作り上げてきた日本の仏教美術とは、大きく異なるということなのである。

4 ドレミの音階は「洗礼者ヨハネ」を称えた歌から生まれた

「ドレミファソラシドの音階は『聖歌（賛美歌）』から生まれたって知っていますか？」

と、知人に聞かれたことがある。

キリストに洗礼を授けた洗礼者ヨハネを歌った楽曲の句節の、先頭の音をとったものだそうで、歌詞を記すと、

「Ut queant laxis
Resonare fibris
Mira gestorum
Famuli tuorum,

Solve polluti
Labii reatum,
Sancte Johannes」
（汝のしもべが、弦をかきなでて、汝の妙なるわざをたたえ得るように、このけがれある唇の罪をのぞかせたまえ、聖ヨハネよ）

句節の頭の部分をとると、ちょうど「Ut Re Mi Fa So La」となるのだそうだ。「Ut（ユト）がどうして Do（ド）になったのか、詳しくは知らないが、フランスでは今でも Do を Ut と使うこともある」

とも、聞かされた。

この曲の作曲者はフランス生まれのイタリアの宣教師、グイド・ダレッツォ（九九五〜一〇五〇年）。

歌詞はカトリック教会で「洗礼者ヨハネの祭」の際に歌われていた「聖ヨハネ讃歌」の歌詞の「一番」だという。現在使われている平均律の「ドレミ」の音階とは多少異なるようだが、時代背景をみても、西洋音楽の出発点となったことは間違いない。

「祈り」と「音楽」の深い関係

世界各国、祈りと音楽は切っても切れない関係にある。それにしてもキリスト教徒はよく演奏し、よく歌う。

キリスト教会とは無縁の私ですら、『きよしこの夜』『もろびとこぞりて』などのクリスマス・キャロルをはじめ、結婚式などで歌われる『アメージング・グレース』『慈しみ深き』といった賛美歌など、耳に馴染みがあるほどだ。

プロテスタントの友人に聞くと、ヨーロッパのことわざに、

「よく歌う人は、倍祈る」

という言葉があるのだそうだ。

古代キリスト教の聖人、聖アウグスティヌスも**「歌うのは愛している証拠」**と述べているが、彼らは歌うことこそ美徳だとみなしてきたようだ。

調べてみると、旧約聖書の時代から、彼らは神々との対話に「歌」を利用してきたことが垣間見れる。

旧約聖書で一番はじめに歌が登場するのは、「出エジプト記」である。この十五章に、モーセとイスラエルの民が歌をうたったとされる記述が見られる。一～二節を抜粋すると、

「モーセとイスラエルの民は主を賛美してこの歌をうたった。主に向かってわたしは歌おう。主は大いなる威光を現し／馬と乗り手を海に投げ込まれた。主はわたしの力、わたしの歌／主はわたしの救いとなってくださった。この方こそわたしの神。わたしは彼をたたえる。わたしの父の神、わたしは彼をあがめる」

さらに、「申命記」三十二章には『モーセの歌』と題される死を前にしたモーセの歌が登場する。モーセが亡くなった後も、未来の世代が神を見失わないようにと作られたもので、歌詞の中には、神がどのようにエジプトから彼らを導いたかという過程、また律法を厳守するようにとの戒めなどが記されている。

カトリックは「聖歌」、プロテスタントは「賛美歌」

多くの詩歌は、「知恵文学」と呼ばれる書物群の中の「詩編」に収録されている。

いずれの歌も、神に讃辞を述べたものかと思いきや、中身は嘆きの詩で埋め尽くされているのが興味深い。

これは旧約聖書ならではのもので、**「嘆き」には、神の介入を祈る気持ち**があり、神の介入を確信しているからこそ生まれるものだとしているからだ。彼らにとって「嘆き」は決して愚痴なのではなく、れっきとした祈りなのだ。

ちなみに、この嘆きの詩編はギリシア語で、**「キリエ・エレイソン（主よ憐れみ給え）」**と称される。

「キリエ・エレイソン」は、キリスト教の礼拝における重要な祈りの一つとなっている。一方で、賛美の詩編は**「ハレルヤ（主をほめたたえよ）」**という。

ところでこれらの楽曲だが、キリスト教が広まるにつれ、地域性を取り入れながら発展していったようだ。

最も普及したのは、ローマ教皇グレゴリウス一世にちなんで名付けられた**「グレゴリオ聖歌」**だ。ラテン語による単旋律の聖歌で、カトリックの教会では現在でもしばしば用いられている。

また、カトリックの教会が楽曲を「聖歌」と呼ぶのに対して、プロテスタント系の教会は「賛美歌」と称する。どちらも、旧約聖書の詩編を歌っているのかと思いきや、それぞれが新しい楽曲を生んでいるようだ。

アメリカで誕生した**ゴスペル**などは、その一例ともいえる。英語で「福音」の意味を持つゴスペルは、アメリカ大陸に強制的に連れてこられたアフリカ人たちが、先祖から受け継いできた音楽と教会音楽を融合させたものだ。ローマ・カトリック教会にも事実上公認された、プロテスタント系の宗教音楽である。

どの音楽が好きかによって、教会の門を叩いてみるのもおもしろいかもしれない。

5 13、666……『聖書』に隠された「数字の暗号」とは?

旧約聖書と新約聖書には、印象的な場面で繰り返し登場する、ある「数字」がある。**聖書では、数字に象徴的な意味を与えている**。そのため、キリスト教やユダヤ教では、数字をことのほか重要視するケースが多い。

まずは「三」という数字。

磔にされたイエスは三日目に復活を遂げ、

「あなたがたは行って、すべての民をわたしの弟子にしなさい。彼らに父と子と聖霊の名によって洗礼を授け、あなたがたに命じておいたことをすべて守るように教えなさい」

と語ったと、「マタイによる福音書」二十八章十九～二十節には記されているが、ここに登場する父（神）、子（イエス）、聖霊（神の使い）こそ、祈りを捧げる存在で、神には「父」と「子」と「聖霊」の三つの位格があり、一体であると考える。これを**「三位《さんみ》一体《いったい》」**という。

他にも三人の族長アブラハム、イサク、ヤコブ。ノアの三人の息子セム、ハム、ヤフェト。イエスの生誕を祝う「東方の三博士」など、三人一組で語られる場面は多く、**三は神を表わす完全な数**だと考えられている。

聖歌『サンクトゥス（感謝の讃歌）』では最初に「聖なるかな」を三回唱和するが、これも聖なる数字「三」とかかわっている。

「七」も神を表わす数字の三に、空気・火・土・水の四つの元素を足した聖なる数字だ。ご存じのとおり、天地創造の日数も七日である。

さらにカトリックの教義の中にある「聖霊の賜物」は、「知恵と理解、判断と勇気、神を知る恵み、神を愛し、敬う心」の七つ。

また、目に見えない神の恵みの「目に見えるしるし」としたカトリックの「秘蹟」も「洗礼、堅信、聖体、婚姻、叙階、罪の赦し、病者の塗油」と、七つある。

ちなみに天界も七つの層に分かれているという。もちろん、旧約聖書、新約聖書の両方に、しばしば神が起こす奇跡と一緒に登場する。

「十二」も重要な数字だ。

イスラエルの十二部族は、ヤコブの十二人の子供が先祖だとされるし、イエスには十二人の弟子がいた。

さらに「ヨハネの黙示録」の二十一章十二〜十四節には、

「都には大きな高い城壁と十二の門があって、それらの門には十二人の御使いがおり、イスラエルの子らの十二部族の名が書いてあった。東に三つの門、北に三つの門、南に三つの門、西に三つの門があった。また、都の城壁には十二の土台石があり、それには、小羊の十二使徒の十二の名が書いてあった」

と、記されている。

十二は、完全なる数字三と、宇宙を表わす四を掛け合わせた数字でもある。

「不吉で忌み嫌われる数字」とは？

一方で、不吉だとされる数字もある。映画『13日の金曜日』で一躍有名になった**「十三」**は最たるものだろう。理由として、

「裏切り者ユダが『最後の晩餐』で十三番目の席についたから」
「イエスが処刑されたのが十三日の金曜日だったから」

などをよく耳にするが、これらは実は、俗説だ。

それでも欧米ではアパートの部屋番号や、飛行機の座席の数字に十三を使うことをことのほか嫌う。

アメリカのとあるビルに入った際、十二階の上が十四階だったことがあるが、その徹底ぶりには感心させられた。

マイクロソフト社のソフトウェア『Microsoft Office』の〝バージョン13〟の数字が悪いという理由で、〝バージョン14〟になったというのも有名な話だ。

◆「ヨハネの黙示録」で示された「獣の数字」666

十三を嫌うという逸話はまだまだあるが、この数字よりも恐ろしい数字だとされているのが**「獣の数字」666**である。

まずは、その恐怖に満ちた内容から、長い間「異端の書」として扱われてきた「ヨハネの黙示録」の十三章十六〜十八節を紹介しよう。

「小さい者にも、大きい者にも、富んでいる者にも、貧しい者にも、自由人にも、奴隷にも、すべての人々にその右の手かその額かに、刻印を受けさせた。

また、その刻印、すなわち、あの獣の名、またはその名の数字を持っている者以外は、だれも、買うことも、売ることもできないようにした。

ここに知恵がある。思慮ある者はその獣の数字を数えなさい。その数字は人間をさしているからである。その数字は六百六十六である」

この数字を一躍有名にしたのは、映画『オーメン』だろう。

六月六日六時に生まれた悪魔の生まれ変わり・ダミアンの周りで次々に不幸が起こる恐怖映画で、ダミアンの頭にはくっきりと黙示録にある「666」が刻まれている。

そもそも**「六」には、聖なる数字七から一足りない、「不完全な数字」という意味合い**があったようだ。

さらにこれを三回繰り返すと、不完全さの要素をより高めた**「完璧な不完全」666**となる。そのため、666の数字は悪魔が特に好んで使ったという。

この666は現在、陰謀論ともからめられ、奇妙な広がり方を見せている。反キリストを謳うフリーメーソンらがこの数字を暗号にして、世界を自分たちの支配下におこうとしているというのだ。

「フリーメーソンの有力なメンバーとされるロックフェラー家が所有するビルの入り口と屋上に、666という数字が書かれてある」

「フリーメーソンの欧州の親玉・ロスチャイルド家のビル内で、666という数字が至る所にあった」

など、逸話は山のようにある。いずれも都市伝説の域を出ないが、調べれば調べるほど、おもしろい数字なのは事実だ。

6 ヴァチカンも公認する"エクソシスト"の秘密

悪魔の存在の有無は、筆者の関心事の一つだが、以前インターネットで、こんな記事を目にした。

『エクソシスト養成特訓！　米で行なわれる』

「米国のカトリック司教らがボルティモアで司祭ら百二十二人に二日間、エクソシスト（悪魔払いの祈とう師）の特別訓練を行なった。

全米で悪魔払いの求めが増えているが、現在は五、六人しかエクソシストがいないという。司教の許可を得て、適切な訓練を受けた司祭しか儀式を執り行なうことができない決まりになっている。

悪魔が取り憑いた印は、肌を引っかいたりかんだりすることや、聖水に暴力的な反

応を示すことだという」（共同＝二〇一〇年十一月十五日）

一九七三年に公開され、一大ブームを巻き起こした映画『エクソシスト』以来、こういった悪魔払いの記事やニュースをしばしば目にする。映画を観て思い当たる人が多かったのだろう。当時イタリアではカトリック教会公認のエクソシストは二十人程度に過ぎなかったが、現在では三百人に増加している。

にもかかわらず、需要に供給が間に合っていないのだそうだ。

悪魔に取り憑かれた⁉　四つの判断基準

エクソシストへの依頼は、総じて「私は悪魔に取り憑かれている、助けてほしい」というものだ。

映画『エクソシスト』では、悪魔に取り憑かれた少女の声が突然、低く邪悪な響きを持つようになり、言葉遣いも乱れ、卑猥《ひわい》に豹変。あどけなかった顔立ちも醜悪に変化し、行動が獣のように乱暴になり、神を冒瀆し始める。

少女はしばし我に返り、救いを求めるが、家具や調度品が浮かび上がるポルターガイスト現象に見舞われたり、体の関節が異常な方向に曲がったりするなど事態は悪化。ラストには命を落とす犠牲者も出してしまう。

信心のない私などは「一種のヒステリーか精神病では？」などと感じてしまうが、実際、著名なエクソシストの故・カンディド神父も、

「九七パーセントは精神を病んでいるか、自然な病をこじらせている。この人たちには医者へ行っていただく」

という言葉を残している。しかし、裏を返せば**残りの三パーセントは、本当に悪魔に憑かれている**ということになる。

判断基準は、**「知っているはずのない外国語を話す」「年齢からしてありえない怪力を持ち、物理的に不可能な動作をする」「十字架などの神聖なものを怖がる」**など諸々あるようだが、ベテランのエクソシストだと、人物を見た瞬間に見抜けるのだそうだ。その場合、それなりの儀式が必要になる。

儀式を行なうのは、十字架やマリア像のある礼拝堂や教会など、神聖な場所が好ましい。まずは椅子に患者を座らせ、体に聖水を散布する。すると患者は硫酸を浴びせ

られたかのように、もだえ苦しみ始める。

エクソシストは隙を見て患者に十字架にキスをさせ、神父が祭儀の際に首から掛ける帯、「ストラ」を肩にかけてやる。続いて患者の頭の上に手を置き、悪魔の名前を問いただす。この名前さえ聞き出せれば、悪魔に勝ったも同然だ。悪魔は地獄へと戻っていく——。

イタリアだけでも年間数十万人がエクソシストを訪れる！

こういった治療を受けに、イタリアだけでも年間数十万人の患者が教会を訪れるそうで、カトリック教会では各教区に一人のエクソシストの配置を目指しているのだという。**カトリック教会が一見オカルティックなエクソシストを公認**しているのは、「マタイによる福音書」八章の十六節に、

「夕暮になると、人々は悪霊につかれた者を大勢、御元に連れてきたので、イエスは御言葉をもって霊どもを追い出し、病人をことごとくお癒しになった」

と、イエスによる悪魔払いの記述があるからに他ならない。

同じく「マタイによる福音書」十章の一節には、

「イエスは十二弟子を呼び寄せて、汚れた霊どもを制する権威をお授けになった。霊どもを追い出し、あらゆる病気、あらゆるわずらいを直すためであった」

また同じ十章の七～八節にも、

「行って、『天の御国が近づいた』と宣べ伝えなさい。

病人を直し、死人を生き返らせ、重い皮膚病を患っている人をきよめ、悪霊を追い出しなさい。あなたがたは、ただで受けたのだから、ただで与えなさい」

と記述されている。

一方で、このような聖書の記述を巧みに用いた、**偽エクソシストがヨーロッパを中心に社会問題化**していると言われている。正式なエクソシストが近くにいない場合、人々はどうしても「自称エクソシスト」の元を訪れるはめになる。すると、病状の悪化につながるばかりか、死亡させられてしまったり、多額の金品を請求されたりといったケースが出てきてしまうのだそうだ。

日本ですら「福島悪魔払い殺人事件」「藤沢悪魔払いバラバラ殺人事件」といった、痛ましい事件が起きているほどだから、キリスト教国ではなおのことだろう。

4章

裏聖書に「封印された」驚きの真実

……「正典」では絶対に認められないエピソード！

1 『聖書』の「正典」から葬られた「外典、偽典」には何が書かれている？

一般に『聖書』と呼ばれているのは、ユダヤ教とキリスト教の「正典」を意味することが多い。正典とは、信徒たちが従うべき公式の基準が書かれた文書を指し、信徒たちが通常使用しているのもこれである。

プロローグや1章でも書いたとおり、イスラエルの人々によって聖書が書かれ始めたのは、紀元前九世紀以前のことだ。その後、ユダヤ教の「正典」という形で聖書がまとめられ始めたのは、紀元前二世紀頃からと言われている。

つまり、現在読まれている聖書は、非常に長い時間をかけて書き直されたり、まとめ直されたりしてきたものなのである。

では、なぜ聖書は何度もまとめ直されたのか。それは**「信仰の統一」**を図りたかったからだ。

紀元七〇年、ユダヤ教の聖都エルサレムは、ローマ軍によって破壊された。国を奪われ流浪の民となったユダヤ人が、旧約聖書三十九巻を「正典」と定めたのは西暦九〇年のヤムニア会議においてだった。そしてユダヤ人が再び国を取り戻したのは一九四八年のことである。

一九〇〇年もの間、ユダヤ人は長い長い放浪を続けてきた。そんな**ユダヤ人にとって、「信仰」こそが心の支え**であった。そして、民たちの心の拠り所である「神の教え」が必要だったのだ。いつか再び、自分たちの国を持つために。

「正典」から外された多数の文書たち

さて、聖書を「正典」としてまとめるにあたり、排除しなければならない文書が数多くできてしまった。それが**「外典《がいてん》」「偽典《ぎてん》」**と呼ばれるものである。

偽典とは旧約聖書に付随する文書で、昔の聖者の名前などを借りて書かれた文書類のことである。そのため、内容が不確かなのではないかという否定的な意味合いがあり、正典から除外されたようである。

外典は旧約・新約ともに存在し、正典編纂の際に採用されなかった文書類を指す。外典は「Apocrypha（アポクリファ）」と呼ばれ、これはギリシア語の「隠されたもの」を意味する。正典編纂の基準（カノン）に当てはまらなかったものであり、いわば**聖書の裏話と呼べるエピソード**が数多く書かれているのである。

では、なぜ外典は正典に入らなかったのか。

旧約聖書の場合は、ローマ・カトリックとプロテスタントで、その位置づけが異なっている。

ローマ・カトリックの場合は、宗教改革（十六世紀）以前まで正典・外典の区別がなかったのだが、ヘブライ語（一部アラム語）からラテン語に翻訳された際に、異同や内容の相違があったものを外典としている。

プロテスタントの場合は、「七十人《しちじゅうにん》訳聖書」と呼ばれる、旧約聖書のギリシア語訳（紀元前三世紀中頃から前一世紀の間に徐々に翻訳、改訂されたものの集大成）に含まれる旧約聖書三十九巻以外の文書を「旧約外典」と呼び、聖書に含まれない文書とみなしている。

新約聖書に関しては二世紀頃から正典の編纂がはじまり、三九七年のカルタゴ会議において、二十七文書が「正典」であると確認された。

その際に基準となったのが、以下の四つである。

1 使徒に由来しているものであること
2 特定の地方だけでなく、広く教会全体で受け入れられている文書であること
3 典礼（儀式など）において、用いられているものであること
4 内容が正統信仰と整合性があること

つまるところ、**教会が後世に作り上げた「正統としている教義」に外れた内容は、全て外典として隠すことにした、**といっても過言ではないのだ。

「正典」に載せられなかった〝アングラ的な内容〟も

偽典や外典に書かれている内容は、正典のエピソードを深く追求していたり、その背景にあった事象も描いている。中には正典を否定するかのような、逆説的な話もある。また、正典には載せられなかったアングラ的な内容も数多く記されている。

そのため、特に外典に関しては**「裏聖書」「黒聖書」**などと呼ばれているのである。本当の意味での聖書を知るためには、ぜひ偽典と外典も読んでみてほしい。

本章では、聖書のイメージを覆すがごとくの、偽典と外典に書かれた「驚きの真実」をいくつか紹介していく。まるで上質のミステリーを解き明かすかのような事実に、少々驚愕されるかもしれない。

2 エッセネ派の〝財宝のありか〟が記された「死海文書」

一九四七年、キリスト教界に激震が走った。**「死海文書」の発見**である。

「死海文書」はイスラエルにある死海近くの町、クムランの洞窟で発見されたヘブライ語の聖書の断片や約八百五十巻の写本を含む文書の総称である。炭素年代測定法や古文書学で鑑定した結果、これらは紀元前二世紀から西暦一世紀にかけて書かれたものであることがわかっている。

「死海文書」というと、若い世代にはアニメ『新世紀エヴァンゲリオン』を思い出す人も多いだろう。すでに放映から十五年以上が経っている今でも、根強いファンを持つ作品である。

『エヴァンゲリオン』の世界では、地球を襲う「使徒」という怪物の出現と「サードインパクト」と呼ばれる滅亡の予言、さらに生命の秘密が「死海文書」に書かれている、という設定がある。

もちろんこれは、実在する「死海文書」とはまったく別のものだ。

この作品は、旧約聖書の世界観をモチーフとして多く使っている。「死海文書」が洞窟の奥に封印されていたことや、未だに公表されていない写本があるという謎多き噂をヒントに、ストーリーが設定されているようである。

「死海文書」を隠したのは、一体誰なのか？

では、「死海文書」は誰が隠したものなのか。

一説では紀元七〇年ごろ、ローマ軍がエルサレム神殿を攻撃した際に、**神殿の図書館から持ち出され、隠された文書群ではないか**と言われている。

エルサレム神殿の図書館には、聖書関係の写本以外にも、**「古代の叡智」**を記した文書なども多く、これらをローマ軍から守ろうと、秘かに持ち出されたのではないかと言われている。

持ち出したのはクムランに住んでいた、**エッセネ派の一部である「クムラン教団」**

クムランで発見された20世紀最大の発見「死海文書」

の人々である可能性があるとされている。彼らは秘密裏にこれを洞窟に隠し、二千年の時を経た現代まで守り通してきた、というのだ。

先にも記したが、エッセネ派は、俗世間から離れて自らの**「宗教的な清浄さ」**を追求し、厳しい修行をしていたとされるグループだ。洗礼者ヨハネも、エッセネ派に所属していたと主張する人もいる。

このような「死海文書」の中身はヘブライ語聖書や、ユダヤ教の宗教文書、宗派の信条や規則などに関する文書であった。中でも歴史的発見となったのが、

「イザヤ写本」

「ハバクク書の注釈」

「ダマスコ文書の初期版」

「銅の巻物」


の四つである。


「イザヤ写本」とは、旧約聖書の中に出てくる大預言書の一つ「イザヤ書」の写しである。

「ハバクク書の注釈」とは、旧約聖書の中の預言書の一つ「ハバクク書」の注釈が書かれた文書だ。研究者たちによると、**クムラン教団発祥の謎を解く鍵が書かれている**……と言われている文書である。

「ダマスコ文書の初期版」は、十九世紀末にカイロのユダヤ教会跡にあった倉庫の中に、聖書断片などに混じって発見されていた「ダマスコ文書」の断片が書かれたものだ。カイロで発見されたものは、十世紀から十二世紀に写されたものであったが、死海文書の中から発見された文書は、それより遥かに古い紀元前七五年から五〇年頃に書かれたものであることがわかった。

エッセネ派の財宝のありかが記された「銅の巻物」

歴史が進むにつれて忘れかけられていた教えが、死海文書の発見により蘇ったのである。

ユダヤ教エッセネ派が隠した財宝はどこに？

これら「死海文書」は**二十世紀最大の発見**とされ、多くの考古学者や宗教研究者の注目を集めた。なかでも、**もっとも注目されたのは「銅の巻物」**である。

ほとんどの文書は羊皮紙などに書かれていたが、一つだけ銅版に彫り付けられた文書があった。これが「銅の巻物」である。

ここに書かれていた文書とは、**ユダヤ教のエッセネ派の共同体に伝わる、宝物のあ**

りかを示す一覧表だったのだ。金銀や宝石など、現代の価値にしておよそ二千億円相当のお宝の隠し場所が記されていたのである。

この文書を元にお宝を探した考古学者が数多く現われたのだが、なんと成果はまったくなし。

これまで誰の目にもふれずに封印されていた文書なのに、すでに宝は掘り返された後だったのかもしれない。

二千年も前の話なので、エルサレム一帯を占拠したローマ軍が、発見して持ち去ったとも考えられる。

一説には、後述する**テンプル騎士団が発見した**という噂もある。

しかし、解読できていない部分もあるというので、まだ発見されていないお宝がどこかに眠っているかもしれない。

このような「死海文書」の中で、紙に書かれたものは破損した部分も多々あり、未解読の文書も存在する。現在ではすべての文書が公開されている。

だがしかし、ヴァチカンは今なお、この文書群を異端として扱い、正統性を持つものと認めていない。

著者などは、**今日のキリスト教の考えを覆す「何か」**が書かれているからだと、推測せずにはいられない。それこそが、二千年以上前に誰にも見つからない場所に秘かに封印された理由の一つなのではないだろうか。

その秘密は何なのか……。死海文書には、まだまだ隠された謎が多くあるようだ。

3 「テンプル騎士団」急成長の陰には〝失われた聖櫃《せいひつ》〟のパワーが!?

キリスト教をテーマにしたミステリー小説や映画に、必ずと言っていいほど登場するのが、**「テンプル騎士団」**だ。

テンプル騎士団は中世ヨーロッパで活躍した騎士たちで、創設は一〇九一年とされる。数次にわたる**十字軍の戦いにも参加**した英雄たちである。独特の規律を持った修道会が母体となっているからか、秘密結社フリーメーソンの元となった組織ではないかとも噂されているのは有名な話だ。

テンプル騎士団には、さまざまな謎がある。

十字軍以降、彼らは組織として急拡大し、富と名声を集めていく。ヨーロッパ各地に土地を所有し、大富豪となっていったのだが、その急激な発展の裏には、**「聖書の**

秘儀」による力があったからではないかと言われているのだ。

古代イスラエルの〝三種の神器〟探索のため？

第一回十字軍（一〇九六～九九年）によって、キリスト教徒は**「聖地エルサレムの占領」**に成功したものの、中東地域におけるキリスト教の勢力は不安定なものだった。

そこで、**フランス貴族ユーグ・ド・パイヤン**が聖地の守護をとなえ、そこに九人の騎士たちが集結。彼らは、エルサレムまでの巡礼者の警護を行なっていたという。

そして、エルサレム王国（十字軍によって樹立されたキリスト教国）のボードゥアンⅡ世が彼らの宿舎として、エルサレムの町の**「神殿の丘」**という土地を与えた。

ここはユダヤの賢王ソロモンが築いた**ソロモン神殿があった場所**である。かつてのローマ軍の進軍により、すでに神殿は失われ、壁の一部を残すのみになっていたというが、彼らはここにテンプル騎士団の本部を設置したのだ。

だが実は、テンプル騎士団が組織的に巡礼者の警護をしていたという形跡はないという。ないどころか、テンプル騎士団のメンバーは当初、総勢九人。この少人数で押し寄せる巡礼者を警護することなど、無理な話ではないか。

では、彼らは何のためにこの地に留まったのだろうか？

それは、**神殿跡に深く埋められた、「失われた聖櫃《せいひつ》＝アーク」**を探すためだったという説がある。

そもそも「失われた聖櫃」とは、なんなのか。これは、モーセが神と契約した際に受けた**「十戒が書かれた粘土板」**と**「マンナの壺」「アロンの杖」**が入った**黄金の箱**のことである。これらは、古代イスラエル王国の**「三種の神器」**だ。

この黄金の聖櫃は、様々な人や街を経て、最終的には三百年後に**ソロモン王の手に渡る**。そして荘厳な儀式と共に、**ソロモン神殿の奥に納められた**のだ。

このあたりの詳細は、**「黄金の聖櫃の恐るべきパワー」**と共に、旧約聖書にありありと書かれている。だがしかし、ソロモン王の手に渡った後、黄金の聖櫃の行方はぷっつりと途絶えてわからなくなってしまうのだ。

ソロモン神殿は二度にわたり、徹底的に破壊されている。一度目は紀元前五八七年、新バビロニア王国の侵攻により破壊、紀元前五一五年に再び神殿は建築されるが、西暦七〇年にローマ軍に破壊されている。

一度目の破壊の後、世界中の王が手に入れたがるに違いない「黄金の聖櫃」は、バビロニア軍に奪われてしまったのか。はたまたどこかに隠し通したのか。それ以降、まったく、歴史に浮かび上がってくることはなかった。

テンプル騎士団は〝聖櫃＝アーク〟と古代の叡智を手に入れたのか？

どうやら**テンプル騎士団は、この失われた「黄金の聖櫃」を探索していたのではないかと言われている。**

ソロモン神殿の地下には、巨大な貯水場を備えた秘密の抜け穴が縦横に走っているという伝説がある。

この地下トンネルは、イスラエルの考古学者たちによって発掘調査が進められ、神殿の地下に石のアーチでできたトンネルが、網の目のようにできていることが確認されている。彼らはソロモン神殿跡に作られた本部にこもって、この黄金の聖櫃の発掘に勤《いそ》しんでいたのではないだろうか。

十九世紀末から二十世紀にかけての調査では、このトンネルの中からテンプル騎士団の遺品が数多く発見されている。やはりテンプル騎士団は、巡礼者の警護のために派遣されたのではなく、〝黄金の聖櫃調査団〟だったのではないか？

テンプル騎士団は、無事に黄金の聖櫃を探し当てたのだろうか？　それはテンプル騎士団のその後の活躍が物語っている。

フランスに戻ったテンプル騎士団は、当初たった九人のメンバーだったにもかかわらず、一一二八年には騎士修道会として認められ、一一三九年には教皇インノケンティウスⅡ世によって、国境通過の自由、課税の禁止など多くの特権を与えられ、あっという間に富と権力を手にし、**ヨーロッパ最強と言われるまでの組織**となっていく。

王室の財宝や通貨の保管を行なう任務についていたこともあり、金融機関として大きく発展していったのである。つまりは銀行的な存在だ。

これにより莫大な資金を作ったテンプル騎士団は、ヨーロッパや中東などに多くの土地を所有し、葡萄畑や農園を作り、なんと自前の艦隊まで保有していたという。**最**

盛期には、キプロス島もテンプル騎士団のものだったというのだから驚きだ。

その栄華は十四世紀初頭まで続いたが、組織が巨大になったことを恐れたフランス国王フィリップによって、組織は壊滅させられてしまうのである。

テンプル騎士団は、黄金の聖櫃以外にも、古代のさまざまな叡智を発掘していたのではないかと言われている。それは、**古代の神聖幾何学や古代科学**だ。その証拠に、それまで千年以上も途絶えてしまっていた神聖幾何学が、驚くべき復活を遂げたのだ。

神聖幾何学の代表的な産物、それがゴシック建築だ。ロマネスク様式一辺倒だった建築物が、その移行過程を持たないままに、完成されたゴシック様式の建築物へと変容したのは、**ヨーロッパ史最大の謎**と言われている。

テンプル騎士団の発掘によりゴシック建築が流行、それにより彼らの知名度が広まり、富を得たと考えるのも不思議ではない。

だが、もちろん真相は闇の中だ。

4 聖母マリアも〝聖霊の力〟によって誕生していた？

キリスト教を知る上で欠かせないのが、イエスの母である**聖母マリア**の存在だ。聖母マリアを描いた数々の名画があり、教会では聖母マリア像が微笑みをたたえている。

特に絵画の世界では、美しく聡明な聖母マリアの誕生から幼少期、さらに最期にいたるまで、あらゆる場面が描かれている。イエスを身ごもる**「受胎告知」**などは、とりわけ有名だ。

フランスのルルドやポルトガルのファティマなど、**聖母マリアが出現した**といわれる聖地もあり、多くの巡礼者が訪れている。聖母マリアの人気は、現在のキリスト教信仰の一端を担っていると言っていいだろう。

しかし、**「正典」**の中での、**聖母マリアに関する記述はごくわずか**だということは、あまり知られていない。

「マタイによる福音書」では、処女懐胎など、イエス誕生に関する話で聖母マリアに触れてはいるが、「マルコによる福音書」では、ほとんど触れられていない。

「ルカによる福音書」「ヨハネによる福音書」では、聖母マリアはイエスや弟子と共に行動していて、イエスの磔刑にも立ち会っていたことが書かれているが、聖母マリアその人の人生に関しては、まるで触れられていないのである。

正典にはない「聖母マリアが主人公」の物語が外典に！

にもかかわらず、これほどまでに聖母マリアに関する美術作品やエピソードが知れ渡っているのはなぜか。

実は、外典である「ヤコブ原福音書」が元になっているのだ。

「ヤコブ原福音書」は、聖母マリアの誕生から神殿へのご奉献、ヨセフとの生活やイエスの出産などが詳しく書かれたものであり、聖母マリアが主人公となっている物語である。

書名にはヤコブと書かれており、イエスの十二弟子の小ヤコブとされているが、実際の著者は不明である。マタイやルカの福音書からヒントを得て、そこで触れられていない聖母マリアの空白のエピソードを書いた想像上の物語ではないかと考えられたため、「正典」から除外されているのだろう。

とはいえ、この「正典」が編纂される前は、「外典」も「偽典」も聖書の一つとして扱われていた。そのため**地上でただ一人、処女懐胎を成し得た聖母マリアの清らかな神聖性**は、多くの人が認知していたのである。

聖霊のお告げによる「無原罪の御宿り」

「ヤコブ原福音書」によると、聖母マリアの父はヨアキム、母はアンナという名である。ふたりは裕福な家庭を持っており、信仰も深く、エルサレム神殿へ多くの捧げ物をしていたという。

しかし、結婚して二十年経ったが、子を授かることができなかった。当時、子を授かることができない、いわゆる不妊は神の罰と考えられていたため、ヨアキムは神殿

聖母マリア自身も「聖霊の力」で誕生していた？
『エル・エスコリアルの無原罪の御宿り』（ムリーリョ）

への奉献を断られてしまう。信仰心の篤いヨアキムは思い悩み、失踪してしまう。そして四十日間、飲まず食わずで祈りを捧げるのだ。

アンナも夫の失踪と不妊を深く悲しみ、神への祈りを欠かさなかった。そうしたところ、二人の元に天使が現われ、子を授かるというお告げを受ける。その子が聖母マリアである。

聖霊による受胎として、処女でイエスを身ごもったマリア自身も、実は聖霊の力により生を受けていたのだ。これを「**無原罪の御宿り**」と呼び、イタリアでは十二月八日のこの日は祝日となっている。

二十年間、結婚生活を続けてきたヨアキムとアンナの懐妊が、果たして聖霊の力であったかは定かではない。だが、とうに高齢となっていた二人が子を授かったのは、奇跡に近いことだったはずだ。

高齢出産であったが無事に生まれた聖母マリアは、幼少期からその清らかさを守られていた。生後六カ月で七歩歩かせただけで、その後は土を踏ませることがなかったという。さらに、子守りも処女の乙女という徹底ぶり。

母アンナは、子を授かったら、「男でも女でも一生涯、神に仕える身にする」と誓ったとおり、聖母マリアを三歳で神殿へと預けることにした。幼い聖母マリアが凛々しく神殿への階段を登っていく姿を描いた**「マリアの神殿奉献」**の絵画は、数多く残されている。

中世のベストセラー『黄金伝説』に描かれた聖母マリア

神に仕えることになった聖母マリアは、天使の運ぶ供物を受けながら十二歳まで過ごしたという。

だが実は、当時のエルサレム神殿に女性神官はいなかった。このエピソードは、**聖母マリアの神聖性を高めるために書かれたフィクション**だったようだ。

これとは別に、三歳で離れ離れに暮すこととなった母アンナが、もう少し成長した聖母マリアに、読み書きを教えている絵画が存在している。これは「**聖母の教育**」と題されるもので、十三世紀にジェノヴァの大司教ヤコブス・デ・ウォラギネによって編纂された『**黄金伝説**』に書かれているエピソードである。

この『黄金伝説』は数多くの外伝や聖人伝を集めたもので、中世のベストセラーになった書物である。「神殿奉献」と、このマリアの教育のエピソードは矛盾しているが、**聖母マリアの知性の高さ**を象徴している。

『黄金伝説』のベストセラーにより、多くの人が聖母マリアの神聖性を知ることになり、また女性の模範であると認知されるようになったのだ。

聖母マリアの誕生秘話は、イエスをこの世に産む人物であることから、誰よりも清らかであるべきという、彼女の神聖性を強調するために創られた物語なのである。

5 穢れなき身体を持つ聖母マリアは〝肉体ごと〟昇天した⁉

少女時代を神殿で神に仕えて育った聖母マリアのその後を見てみよう。外典の「ヤコブ原福音書」によると、マリアは神殿の祭司長のお告げによって町の独身男と結婚することになった。祭司長の元に天使が現われ、神のしるしを持った男を配偶者とせよと言うのだ。

この時、**なんと聖母マリアは十二歳**。しかも**神のしるしを持った男は、ナザレに住む前妻との間に六人の子供がいる大工のヨセフ**だったのである。年齢差はもちろん、穢れのない十二歳の少女の結婚とは、あまりにも痛々しい。ヨセフは言う。

「私にはもう息子たちがありますし、年もとっております。この子は少女です。イスラエルの人々の物笑いになりたくはありません」

だが、神のお告げは絶対なのである。しかたなくヨセフはマリアを引き取って保護することにした。その後、二人は性交渉することなく、この物語ではヨセフはマリアを結局妻にはしないことになっている。そして、ヨセフは仕事で二年間も家を空けることになったのだ。

その間に、聖母マリアは大天使ガブリエルから有名な受胎告知を受けることになる。身に覚えのない聖母マリアは困惑する。もちろん、ヨセフも自分がいない間に誰かに乱暴されたのではないかと思い悩んだと、「ヤコブ原福音書」には書かれている。だが、ヨセフの夢に天使が現われ、真実を知ったのである。

こうして聖母マリアは、完全なる処女でありながら子を宿したのだ。

この後、聖母マリアはベツレヘムでイエスを産む。住んでいたナザレからベツレヘムへ旅し、その後ヘロデ大王による男児虐殺を逃れ、今度は約三百キロ離れたエジプトへと旅することになったヨセフ一家。まだ生まれたばかりのイエスを抱え、その旅はずいぶんと過酷であっただろう。

その後ヨセフは天へと召され、聖母マリアはイエスと共に暮していたようである。イエスが弟子たちと共に旅をする際にも、マリアは一緒に行動していたようだ。

このあたりの記述に関しては、イエスの磔刑時に聖母マリアが立ち会ったというエピソードの他には、正典にも外典にもほとんど書かれていない。聖母マリアの行動が再び描かれるのは、イエスの死後、自らの命が尽きる頃である。

死後、〝肉体ごと〟天上へ迎え入れられた聖母マリア

十三世紀に書かれた『黄金伝説』によると、聖母マリアはイエスの母ということによるユダヤ人からの迫害を逃れて、使徒ヨハネとともにトルコのエフェソス、またはエルサレムで余生を送ったと書かれている。

そしてそこに、**大天使ミカエルがやってきて、聖母マリアに死の告知をする**のだ。

「天国であなたの息子がお待ちしています」

受胎告知の時と同様に、自らの最期を天使によって知った聖母マリア。『黄金伝説』によると、イエスの死から二十四年後の七十二歳で亡くなったという（東方教会の説では十二年後の六十歳）。

だが、その死はやはり尋常ではなかったのである。

聖母マリアの死から三日目、マリアの魂が大天使ミカエルとイエスと共にやってきて、亡骸に戻ったのだ。**「マリアの復活」**である。

魂が身体に戻った聖母マリアは、なんと**肉体ごと天使たちによって天へと運ばれていく**。これは**「聖母被昇天」**と呼ばれ、穢れなき身体を持っていた聖母マリアは、死してもなお滅びることはなく、肉体ごと天上へと迎え入れられたことを意味する。

だが、もちろんこれは後世に作り上げられた聖母マリアに対するイメージである。『黄金伝説』の著者が、聖書に描かれていない聖母マリア像を、神々しく作り上げたにすぎない。全てが美化されたものであるとも言えないが、あまりにもできすぎている部分が多々ある。

十三世紀、一大〝聖母マリアブーム〟が到来！

「正典」から外れているとはいえ、聖母マリア人気は次第に高まっていく。

四三一年、キリストの神性についての論争を解決するために開かれた**エフェソス公**

会議で「マリアは神の母である」と定められたことをきっかけに、聖母マリアの存在は人々に知れ渡ることになる（この時、キリストの神性を否定したコンスタンティノープルの大主教ネストリウスは異教として破門された）。

貧しい大工の妻が、神の子を宿すという奇跡に人々は衝撃を受けたのである。

十三世紀には一大**「聖母マリアブーム」**がやってくる。権力者や貴族たちが聖母マリアを崇め始めたのだ。聖人や天使たちから王冠を授けられる**「聖母戴冠」**の絵画がさかんに描かれるようになったのも、この頃である。

キリスト教が世界中に広まるにつれ、聖母マリアは**「慈しみ」**や**「愛情」**を表わす存在として信仰されるようになっていった。現在のカトリック教会では、イエスの像とともに聖母マリア像も欠かせない存在となっている。

イタリアでは、人口の一二パーセントがマリアにちなんだ名前を持つという。その全てを許すかのような慈愛に満ちた微笑は、世界中の人々から愛されているのだ。

6　クリスマスは〝イエスの誕生日〟ではなかった？

聖霊による受胎告知、処女懐胎と、普通ではありえない奇跡が重なり合ってこの世に生を受けたイエス。その謎多き誕生には、多くの秘話がある。

イエスの誕生に関しては、「ルカによる福音書」と「マタイによる福音書」にその様子が書かれている。

イエスが生まれる直前、ローマ帝国全土に発布された国民登録の勅命により、聖母マリアとヨセフはナザレから百キロ以上離れたベツレヘムへと赴いた。ベツレヘムへ到着したものの、彼らは宿をとることができなかった。

そうこうしているうちに、聖母マリアが産気づく。そして急遽、馬小屋で出産することになったのである。

イエスが生まれたのは馬小屋？　洞窟？

イエスの誕生＝馬小屋というイメージは、日本人に根深く浸透しているが、実は馬小屋というのは誤りである。イエスが誕生した時、そこに**馬はおらず、代わりに牛とロバがいた**というのだ。当時のユダヤでは馬を飼うことは一般的ではなかったため、これは馬小屋ではなく家畜小屋だったと言われている。

生まれたばかりのイエスが飼い葉桶に入れられたと記されていることから、日本語で馬小屋と訳されたのか。もしかすると、馬屋で生まれた厩戸皇子《うまやどのみこ》こと聖徳太子のイメージと重ねられたのかもしれない。

イエス誕生のシーンは、クリスマスカードなどで手軽に見ることができる。中央に聖母マリアと生まれたばかりのイエス、傍らには贈り物を持った東方の三博士と父ヨセフ、駆けつけた羊飼いに牛やロバ。そして降誕を祝福する天使たち。十二月の寒い冬に屋外で出産するとは、聖母マリアはどれほど大変だっただろうか。

また外典の「ヤコブ原福音書」には洞窟で生まれたと書かれており、正教会では洞窟説が伝承されている。これは当時、洞窟を家畜小屋として使用していたことが多かったためだともいわれている。

諸説ある「イエスの誕生日」

さて、イエスの誕生日は十二月二十五日のクリスマスだと我々は覚えているが、実は**イエスの誕生日は、十二月二十五日ではない**という説がある。

そもそも初期のキリスト教では、イエスの教えに加えて**「死」と「復活」が大事なテーマ**となっていたため、**誕生については重要視していなかった**のである。そのため、聖書にはイエスの誕生日に関しての記載は、まったくない。

それればかりか天使のお告げによりイエス降誕を知った羊飼いが、イエスを探しに出かけたというエピソードから、イエスが生まれたのは四～九月だったという説もある。羊飼いが夜番をしているからだ。

ではなぜ、十二月二十五日がイエスの誕生日となったのだろうか。これに関しては諸説あるのだが、もともと十二月二十五日は、イエスが生まれる前から冬至祭や異教徒の冬のお祭が行なわれる日であったようだ。

三五〇年にローマ皇帝のユリウス一世が、**異端のローマ人をキリスト教徒にするために十二月二十五日をイエスの誕生日と宣言**し、この日をイエスの聖誕祭とした、と一説には言われている。プレゼントを贈る慣わしは、イエス誕生の際に東方の三博士が贈り物を持ってきたことに由来しているという。

「イエスの復活の年は満三十歳」を根拠に定められた西暦

また、誕生日の記載がないように、イエスは正確な生まれ年もわかっていない。ユダヤの地を統治していたヘロデ大王は、占星術師たちからメシアの到来を予言され、おののいた。そこでヘロデ大王は、ベツレヘムに住む二歳以下の男児を虐殺せよと命を下す。

このことから、イエスが生まれたのはヘロデ大王統治下であることがわかる。ヘロデ大王の治世は紀元前四年まで。つまり**紀元前四年以前にイエスは生まれていた**ことになる。

すると、**イエスの誕生（正しくは誕生の翌年）＝西暦の始まりとは、**つじつまが合わなくなってしまう。

そもそも西暦とは、六世紀のローマの神学者ディオニュシウスが算出したものだ。その計算方法は、当時ローマで使われていた紀元の二七九年が、イエスが復活した年であることを発見し、当時の聖書研究者の見解であった「イエス復活の年は満三十歳」を根拠として導き出したものである。

ただ、この西暦による年号はあまり普及せず、十世紀になって一部の国で使われ始めたが、西欧で一般的に使われるようになったのは五百年以上も後の十五世紀以降からだという。

イエスは誕生後、その消息がぷっつりと途切れてしまう。

正典では幼少年期に関する記述はごくわずか。それどころか、**十三歳から三十歳までのイエスの生い立ちについては皆無に等しい**のである。

それゆえ、イエスという存在はキリスト教最大のミステリーとまで言われているのだ。

聖母マリアの聖霊による処女での受胎、そして天使に見守られながらの出産と、ドラマティックに盛り上げられてイエスは誕生したが、なぜ幼年期・青年期に関して聖書には書かれていないのか。

次項でその真実を明らかにしよう。

7 なぜ「イエスの幼年期」は『聖書』に記されなかったのか？

「正典」ではイエスの幼年期について、ほとんど書かれていない。それはなぜか。端的に言ってしまえば、**イエスの幼年期のエピソードは、キリスト教の教義に関する記述ではないから**である。

子供の頃から布教していたわけではないので当たり前なのだが、それにしても子供の頃の話がまったく窺い知れないというのも、どこか不自然ではないだろうか？

唯一、正典の中で触れられているのは「ルカによる福音書」の中の、この一節だけである。

「イエスは知恵が増し、背丈も伸び、神と人とに愛された」

これだけでは、まるで普通の子供と同じように育ったという印象を受ける。

だが、イエスは子供の頃から、類い稀なるパワーを持っていたことが「外典」には書かれているのだ。

エジプトへ逃げたヨセフ一家は、ヘロデ大王の死後、ナザレに戻って暮らしたようである。しかし、少年時代のイエスがどのように暮らしたのかについては、正典では一切触れていない。

「ルカによる福音書」によれば、十二歳になったイエスは、両親と共にエルサレムに詣でる。モーセの「出エジプト」を祝う過越祭のためである。この祭はユダヤ教にとって重要なお祭で、今日でも行なわれている。

そのお祭の帰り道。ふと気がつくと、イエスがいなくなってしまっていたのである。ヨセフ夫婦は方々を探し回るが、どこにもいない。探しあぐねたヨセフ夫妻は三日後、エルサレムへ戻ってみると神殿の境内にイエスがいるではないか。大勢の学者に囲まれ、問答をしていたのである。聖母マリアがイエスに、

「私もお父さんも心配して捜していたのですよ」

と諫《いさ》めると、

「どうして私を捜したのですか？　私が自分の父の家にいるのは当たり前だということを、知らなかったのですか」

と答えたのである。

この時、聖母マリアもヨセフも、イエスの言葉の意味がわからなかった。実はイエスの言った**「自分の父の家」とは、神殿のことを指していた**のである。つまり、**自分が神の子であることを、両親に宣言した**形になるのだ。

「正典」ではその後、**洗礼者ヨハネから洗礼を受けるまでの十七年間についての記載がない**。この空白の十七年間に何があったかは後述するとして、まずはイエスの幼年期を探ってみよう。

「外典」に詳しく記された〝超能力少年イエス〟

外典「トマスによるイエスの幼時物語」は、二世紀の終わりに書かれたもので、ここでイエスの驚くべき幼年期の様子を、克明に知ることができる。

まず、イエスが五歳の時のことである。ある雨が降った日のこと。川の浅瀬で遊んでいたイエスは、水に言葉で命じて、穴に流れを集めたり澄んだ水に変えさせたりしたのである。さらに泥をこねて十二羽の雀を作り出したのだ。

これを超能力と呼ばずして、どう説明しよう。

さらに話は続く。イエスがこの〝超能力遊び〟をしていたのは週の第七日目にあたる、安息日だった。安息日は神を敬うための休息日である。ユダヤの教えでは、安息日にしてはいけないことが事細かく定められており、この日に超能力を使うことで、イエスはその教えを破ってしまったのだ。

これを見ていたユダヤ人が父ヨセフに告げ口し、イエスはヨセフに怒られてしまう。するとイエスは、手を打って「行ってしまえ」と叫んだ。すると、泥の雀たちが羽を広げて飛んでいったのである。

イエスは五歳にして、尋常ならざる超能力の使い手だったのだ。そして、さらに続くこの話で、子供らしい残忍さを露呈するのである。

イエスの前に現われた律法学者アンナスの息子が、イエスが遊んでいた穴の水を柳の枝で流してしまう。すると怒ったイエスはこう言った。

「この穴と水がお前に何の不正をなしたというのか。見よ、今やお前は木のように枯れる。そしてお前はもう葉も根も出さずに実も結ばない」

するとたちまち、アンナスの息子は全身が枯れてしまったのである！

さらにイエスは、走ってきた少年の肩がちょっとぶつかっただけで、その少年を殺してしまうのである。怒りの感情のおもむくままに、**人間の命を自在に操ることができるとは、**超能力の域を超えている。

“恐怖”と“慈悲”を巧みに使い分ける人心掌握術！

周囲の人たちから恐れられ、父ヨセフも手に負えなくなってきたイエスは、ザッカイという教師の元で字を習うことになる。だが、ここでもイエスはザッカイに食ってかかるのだった。

「あなたはアルファの本性も知らないくせに、どうして他の者にベータを教えるのです。偽善者よ、先ず知っているものなら、アルファを教えなさい。そうしたらベータについてもあなたを信用しましょう」

さらにイエスは難解な問いを投げかけるが、答えられなかったザッカイは頭を抱えてしまう。するとイエスはこう語ったのだ。

「私は上から来たもの、それはお前たちのために私を遣わした方が私に命ずるとおりに、人を呪っては天へと呼ぶためなのだ」

イエスが言い終わると、これまで呪い死なせた人たちがみるみる復活する。これ以降、イエスを怒らせる人はいなくなったという。

なんという**恐怖政治**であろうか。圧倒的な力を見せつけ人を死に追いやりながら、自らの手で復活させ、**生命を自由に操れることを、堂々と披露**しているのだ。

だが、この後のイエスはまるで改心したかのように、怪我人を治したり死人を生き返らせたりするのである。

八歳の頃には、イエスが蒔《ま》いた一粒の麦から約四万リットルの麦を収穫し、村人に分け与えるという奇跡まで起こしている。恐怖と慈悲を見事に使い分け、イエスは人々の心をつかんでしまったのである。

「トマスによるイエスの幼時物語」は、この後、大工の父の仕事を手伝う際に助言を行なったり、不思議な力で援助したり、瀕死の兄弟や死んだ赤ん坊を生き返らせるなどの奇跡を起こした、八歳までのイエス少年が描かれている。

イエスが幼い頃から神の力を持っていたことを強調するために書かれたのであろうが、このエピソードを踏まえて聖書を読み進めると、イエスの起こしたさまざまな奇跡にも、納得できるのである。

「空白の十七年間」にイエスは何をしていた？

では、先に述べたイエスの「空白の十七年間」を追ってみよう。

これに関しては世界中の聖書研究家の間で、さまざまな角度から調査が行なわれているが、皆目わからないというのが現状である。

だが、驚くべき発見の元に、**「イエスはインドで仏教の修行を受けていた」**という説を帝政ロシア時代の新聞記者、ニコライ・ノトヴィッチは唱えている。

ノトヴィッチはインド・チベット高原にあるカシミール山脈の麓にある町、レーのヘーミス寺院で、イエスの足跡を記した古文書を発見したのである。

そこには、イエスは十五歳でインドへ渡り、二十九歳まで仏教や古伝・古法、言語を学んだと記されていたというのだ。

このヘーミス寺院には、『失われたムー大陸』の著者ジェームス・チャーチワードも訪れている。チャーチワードはムー帝国の痕跡を求めてヘーミス寺院へとやってきたのだが、偶然にもイエスの記録を発見していたのだ。

チャーチワードが発見した記録には、イエスはユダヤを出たのちにエジプトに二年間滞在し、そこでエジプトの古代宗教を研究、さらに仏教の勉強をするためにインドへと渡ったと書かれていたという。


イエスが仏教を勉強していたなんて、トンデモ話に聞こえるかもしれない。

だが、ボロ布を袈裟のように肩からかけ、町々を歩きながら人々に祈りを捧げ、時々水の上を歩いてしまうイエスのイメージは、どこか仏教僧のそれに似ているような気がしてならないのである……。

8 十二使徒の一人・トマスとイエスは〝双子の兄弟〟だった？

外典「使徒ユダ・トマスの行伝」に、非常に興味深い一節がある。

伝道の旅を続けていたトマスが路上で教えを語っていた時、群衆の前に一匹のロバが現われた。

そこでトマスはロバに、

「主の恵によりお前に言葉が与えられる、この群衆の前で何か語ってみよ」

と言ったのだ。するとロバは、

「キリストの双児、いと高き者の使徒、命の授与者の隠された言葉への参与者、神の子の隠された奥義の受容者よ、あなたは自由の身で生まれ、奴隷となり、あなたの従順により多くの人々に自由をもたらしました」

たのである！

と語った。つまりロバは群衆の前で、「トマスはイエスの双子の兄弟だ」と暴露し

「使徒ユダ・トマスの行伝」に記された驚きの文言

このトマスとは、イエスの十二使徒であるトマスのことである。

イエス復活の際に、イエスの脇腹の傷口に手を差し出して身体を確かめたことにより、「**疑い深いトマス**」とも呼ばれている男である。

実はトマスが、イエスの双子の兄弟ではないかという疑問は、古来より語られているイエスを巡る謎の一つなのだ。

福音書の一部の写本や外典では、トマスのことを「ユダ・ディディモ」と呼んでいる。「**ユダ**」**はトマスの本名で、**「**ディディモ**」**とは双子を意味しているのだという。**

しかし、これだけでは、イエスの双子の兄弟とは言い切れない。他の使徒や弟子たちの双子である可能性も考えられるだろう。だが、「使徒ユダ・トマスの行伝」には、イエス本人がトマスを兄弟だと認めた記述がされている。

インドへ布教に来たトマスは、ある王の娘の結婚式で、娘のために祈って欲しいと請われる。だがトマスは軽くお祈りしただけで、娘に会いに行こうともせずに去っていった。すると新婦である娘の部屋で、一人の男が新婦と話をしていた。さきほど去っていったはずのトマスである。なぜここにいるのだと問いただすと男は、

「私はユダ（トマスのこと）ではなく、ユダの兄弟である」

と言ったのである。

つまり、トマスの代わりに、イエスが娘のために祈っていたのだ。

そしてここでは、イエスがトマスに見間違えられてしまうほど、二人の顔がそっくりだったということが読み取れる。

言葉を持たないはずのロバによる暴露、イエスとそっくりであり兄弟だという証言、そして「ディディモ＝双子」と呼ばれていたという事実。

やはりトマスは、イエスと双子の兄弟だったのではないだろうか。

となると、聖母マリアは聖霊による受胎の際に、双子を宿したことになる。そもそ

も聖母マリアは処女懐胎なので、トマスだけ父ヨセフの子ということも起こりえない。容姿もイエスとそっくりだったというのだから、一卵性双生児の可能性も高い。

にもかかわらず、「神の子」と言われているのは、イエス一人なのである。


そこで、**トマスはイエスの影武者ではないか**という説が浮かんでくる。

磔刑後に復活できたのは、実はトマスがイエスの身代わりになっていたからで、イエスは秘かに逃げ延びていたとか……。

まるで小説のような突飛な話かと思いきや、さまざまな記録が残っているなど、なかなか興味深いものもあるのだ。

なぜ〝トマス双子説〟はキリスト教界で闇に葬られたのか

さて、「使徒ユダ・トマスの行伝」によると、インドでの伝道を続けたトマスは、まるでイエスと同様の苦難を受けるのである。

インドのマツダイ王国に入ったトマスは、王の親戚にあたる将軍カリスの妻ミュグドニアを信仰に導いた。トマスの教えのとおり、ミュグドニアは純潔を守って、夫との性交渉を絶つ。するとカリスは怒って、トマスを投獄したのである。だが、トマスは奇跡を使って牢獄から自由に外出し、王家の人々を次々に回心させていったのだ。

しかし、それも長くは続かず、トマスは最後の時が来たことを悟った。パンと葡萄酒の聖餐を行なったのち、牢獄に繋がれる。そして王がトマスの牢獄に赴き、主について尋問するのだ。トマスは、イエスが審問を受けた時と同じように、王の尋問に答えることができない。そして町の外へ連れ出され、

「神が、私を御前に導きますように」

と祈り、兵士たちに突き殺されるのである。

しかし、話はここで終わらない。死後イエスが復活したように、**トマスの遺体も復活したかのように行方不明となった**のだ。

双子は性格や身体能力も似ることが多いというが、**トマスもイエスのように「奇跡を起こす力」を持っていた**ようであるし、その人生が似てしまうのも、なんだかうなずけるのである。

使徒トマスの持つシンボルの一つは「大工道具の定規」である。イエスの父・ヨセフは大工である。これは、トマスも大工の息子であることを意味しているのではないだろうか。

多くの事象が、トマスはイエスの双子の兄弟であったことを示しているが、神の子が二人いてはならないという理由からか、キリスト教の世界では今なお、この事実は闇に葬り去られているのである。

9　マグダラのマリアは〝娼婦〟か〝イエスの妻〟か

生涯独身を貫いたと言われているイエスだが、「外典」には**伴侶がいたこと**を示す記述がいくつもある。その伴侶は誰かと言えば、**マグダラのマリア**だ。

「正典」の中でのマグダラのマリアは、前述したとおり、イエスによって「七つの悪霊」を追い出してもらった女性として登場する。

その後彼女は、イエス一行の伝道に同行することになり、イエスの磔刑に立ち会い、復活したイエスにも最初に会うことになる。

マグダラのマリアは娼婦であったと言われているが、その証拠を示すものはない。七つの悪霊とは大罪を指すことから、マグダラのマリアは罪を犯した「罪の女」であるとされていること。また正典の中に、イエスの足に香油を注ぎ自分の髪で拭う女性が複数出てくるが、彼女たちは**「悔い改めた娼婦」**であったと言われており、香油を注いだ女性とマグダラのマリアが同じ人物だったらしい、という説があること。

これらのことから、**「マグダラのマリアは娼婦だった」**と言われるようになったのである。

つまり、娼婦であった事実は明確ではない。

外典「フィリポによる福音書」に書かれた衝撃の真実

このような経歴から、**マグダラのマリアはイエスの死と復活に立ち会ったキーパーソンでありながら、正典からははじき出されてしまっているのである。**

だが、外典には彼女の行動はありありと、そして衝撃の真実をはらんで書かれているのだ。

外典「フィリポによる福音書」にはこう書かれている。

「主はマリアを全ての弟子たちよりも愛していた。そして彼は彼女の口にしばしば接吻した。他の弟子たちは彼がマリアを愛しているのを見た」

誰が読んでも、二人は恋人もしくは夫婦であったことが読み取れるではないか。イエスはどうやら十二人の弟子たちの前で、マグダラのマリアと仲睦まじい様子を見せていたのである。

イエスが結婚していたことを正典に載せられない大きな理由は、イエスが神の子であるからだ。神の子が一人の女性、しかも元娼婦を特別な存在として愛することは、あってはならないことなのである。

エジプトで発見された「マグダラのマリアの福音書」の衝撃！

マグダラのマリアがイエスにとって、特別な存在だったことを示す文書は他にもある。

それは一八九六年にエジプトで発見された、**「マグダラのマリアの福音書」**である。

その内容は衝撃的で、**カトリック教会からは異端文書とされ廃棄・隠滅**されてきたという歴史を持つ。

そこには**イエスの後継者であるペトロが、彼女にイエスの教えを乞うシーンが書かれている**のだ。

つまり、マグダラのマリアは、彼女しか知らないイエスの教えを知っていたというのである。

ここで一つ、基本に立ち戻ってみよう。

まず、イエスが人々に説いた教えは「キリスト教ではない」のである。当時イエスはユダヤ教を進化させた、独自の教えを広めていただけなのだ。

キリスト教というのは、イエスの死後に作られた宗教である。誰が作ったか。それは使徒パウロである。だが使徒パウロは、イエスの十二人の弟子でもなければ、イエスに会ったこともない人物である。

前述したとおり、パウロは、元々はキリスト教徒を迫害する立場にいながら、キリストの声を聞き、「目から鱗」が落ちて回心した人物である。

イエスの教えに感銘を受けたパウロは、熱心に伝道を行ない、その教義をまとめ、キリスト教の基盤を作ったのだ。

マグダラのマリアは、イエス・キリストの妻だった？
『改悛のマグダラのマリア』（ラ・トゥール）

十二使徒のリーダーであったペトロが後に初代ローマ教皇とされるが、パウロが創設したキリスト教会が元になってできたのが、カトリック教会なのである。

イエスがマグダラのマリアに伝えていた教えは、ペトロなど十二使徒には伝わっていなかった。もしかすると、**意図的に隠された教え**だったのだろうか。

彼女の知っている教えが、実はイエスの真実の教えではないか……という噂話も、聖書研究者の間では多々ある。

ともあれ、ペトロら〝正統〟に伝わらなかった教えは、やはり排除されてしまった。

そのため、マグダラのマリアという人物は、正典の中では脇役扱いをされてしまっているのである。

マルセイユでイエスの子を出産していた!?

十三世紀に書かれた『黄金伝説』には、マグダラのマリアのその後の話も書かれている。

イエスの死後、マグダラのマリアは他の使徒たちと共に逃亡することになる。ユダヤ人たちから迫害を受けたのだ。舵《かじ》の効かない船に乗せられ、たどりついたのはマッシリアという場所。現在の南フランスのマルセイユである。

ここで彼女は、死んだ領主の妻と子を復活させる奇跡を起こすなど、聖人的な行動をとる。そしてマルセイユ近郊にあるサント・ボームの洞窟に隠遁し、修道生活を送ったと言われている。

その生活の中では、毎日の祈りの時間に天使がやってきて天空に導かれ、そこでおいしい料理を食べていたというのだ。そして三十年間、洞窟で祈り続けた後に、彼女はこの世を去る。その遺骨はヴェズレーの修道院に移されたと記されているが、定かではない。

罪深き女性だとされたマグダラのマリアは、イエスに愛され、やがて聖人となったのである。神の子に愛された女性とは、どれほど魅力的であっただろうか。それは芸術家たちの探究心も大いにくすぐったのであろう。

マグダラのマリアが漂着したとされる海岸は、現在「サント・マリー・ラ・メール」と呼ばれている。そして、その町の教会には**「黒い肌の聖女サラ」**が祀られている。

マグダラのマリアがマルセイユに渡って産んだとされるイエスの子供の名前は「サラ」とも伝えられている。

数々の符合が、彼女の真実を伝えているように思えてならない。

10 ダ・ヴィンチの傑作『最後の晩餐』に隠された〝秘密のメッセージ〟

数年前、日本でも大ブームとなった『ダ・ヴィンチ・コード』。世界中でダ・ヴィンチ、そしてキリスト教にまつわるミステリーが流行した。

物語は、ダ・ヴィンチの『ウィトルウィウス的人体図』を模した形でルーヴル美術館の館長が死亡しているのが発見されるところから始まる。館長の孫である暗号解読官のソフィーと、宗教象徴学の権威ラングトン教授は、容疑者として追われながら、館長が残した暗号を究明しようとする。

やがて事件は、ダ・ヴィンチの『最後の晩餐』に隠されたイエスの秘密と、キリスト教の概念を覆すような驚愕の事実へと迫っていくことになる、というミステリー作品である。

キリスト教にあまりなじみがない日本人にとっては、少々難解なストーリーであったかもしれない。だが、欧米を中心に聖書やキリスト教の研究は盛んに行なわれており、一般的にも関心が高い。そのせいか、ミステリー作品にはキリスト教を題材にしたものが数多い。『ダ・ヴィンチ・コード』の中で扱われた多くの謎も、これまでの聖書研究の中で提示されてきたものの一部なのだ。

使徒ヨハネとされる人物は、実はマグダラのマリア!?

ルネサンス期を代表する芸術家レオナルド・ダ・ヴィンチ。

天才と呼ばれた彼の作品は驚くほど少なく、現存する絵画は十七点のみ。一方、スケッチや素描は数多く残されており、未完成のままの作品も多いという。『モナリザ』でさえ、手の部分が未完成だと言われているのだ。

『ダ・ヴィンチ・コード』では、ダ・ヴィンチの絵画の中に**「イエスの血脈」**に関する大いなる謎が隠されている、というテーマに基づきストーリーは進んでいく。

その絵画とは**『最後の晩餐』**である。ユダヤ教の過越祭を祝うために、エルサレムへとやってきたイエス一行。ユダに裏切られ、逮捕される直前に行なわれた食事の様子を描いた、あまりにも有名な作品だ。

イエスと十二人の弟子たちが、食べ物が並んだ横長のテーブルにずらりと並んでいるが、ただ一人異彩を放つ人物がいる。

イエスの左隣で身体を傾ける人物。**定説ではこの人物は使徒ヨハネである**。だが、このなまめかしさ、どう見ても女性にしか見えない。実はこの人物こそがイエスの配偶者ではないかと噂される、**マグダラのマリア**だというのである。

その証拠として挙げられるのは、絵画の中のイエスとマグダラのマリアの親密さである。イエスとマグダラのマリアは、この状態だとテーブルの下で下半身がぴったりとくっついていることになる。さらに上半身を見ると、**マリアとイエスの身体が大きな「M」の字を現わしている。**「M」、つまりマグダラのマリアのことを暗に指しているのだ。

だが、そうすると使徒ヨハネがいなくなってしまう。つまりこの人物は、使徒ヨハネでもあり、マグダラのマリアでもあるのだ。

現在でもそうであるように、画家は絵の中にさまざまな意味や象徴を込めている。

ダ・ヴィンチの傑作『最後の晩餐』。イエスの右隣りに座る使徒ヨハネは、実はマグダラのマリアなのか？

ダ・ヴィンチの作品ではそれが顕著で、一枚の絵の中に何層にもわたって意味が込められることがしばしばあり、絵画というよりもまるで数学である、とまで言われているのだ。

ダ・ヴィンチは両性具有を理想としていたという説もあって、この人物に二つの意味を込めたのではないかと考えられている。

さらに、**ペトロの背後に突き出した手がナイフを握っている**ことにも謎があるという。

『ダ・ヴィンチ・コード』では、これは実体がない謎の手であるとされているが、どう見てもペテロ本人の手であるようだ。これは、この晩餐ののちにペトロは大祭司の手下の耳を切り落とすことになっているので、それを暗示しているとか、あるいはただ単にパンを切るためのナイフであると言われている。

だが、よく見るとナイフの切っ先はヤコブに向けられていることがわかる。実はこの**絵画自体が「最後の晩餐」ではなく、「イエスの後継者選び」の場面ではないか**という説もあるのだ。

一般にイエスの後継者というと、初代ローマ教皇となったペトロである。実はイエスはこの場面で、自分の後継者はペトロではなくヤコブだと宣言していたのだとしたら……。ペトロのナイフの意味も、わかってくるだろう。

〝イエスの血脈〟について真実を知る「シオン修道会」とは

では、なぜダ・ヴィンチは、当時のキリスト教の教えに反発するような「暗号」を、絵の中に描き込めたのだろうか。

その秘密は**秘密結社「シオン修道会」**にあるとされる。

シオン修道会は十一世紀に設立され、錬金術師のニコラ・フラメルや科学者のアイザック・ニュートン、音楽家のクロード・ドビュッシーや作家のジャン・コクトーら、名だたる有名人が過去に総長を務めた謎の組織だ。ダ・ヴィンチも十六世紀初頭に総長を務めていたことがわかっている。だが、この「シオン修道会」は、これまでどんな活動をしていたのか、まるで明かされていないのである。

シオン修道会はイエスの血脈についての真実を握っていると噂されている。

もしもマグダラのマリアが、イエスの子供を宿していたら？

その子が守り隠され、現在までその血脈が続いているとしたら……。

なにせ二千年前のことであるから、その事実が判明することは奇跡に等しいだろう。だがイエスに関する、なんらかの真実を、ダ・ヴィンチがシオン修道会から得ていたとしたら……。

彼の絵画に隠された謎が全て解き明かされた時、イエスについてのとんでもない真実が明かされるのかもしれない。

11 裏切り者ユダによる「福音書」が存在していた！

さて、**イエスの十二弟子の中で、最も有名なのがイスカリオテのユダ**だろう。ユダはイエスを裏切ったことから**「裏切り者の代名詞」**として扱われることが多い。キリスト教に疎い日本人でさえ、ほとんどの人がその名を知っている有名人だ。

多くの芸術作品においても、ユダ一人だけ頭に光の冠がなかったり、机の反対側に座らされたりと、邪険な扱いをされている。まさに世界中の人々が彼の裏切りを知っていると言っても過言ではないだろう。

ユダはイエスの数多くの弟子たちの中から選ばれた、十二人のうちの一人である。その名前の有名さとは裏腹に、ユダヤ地方の村イスカリオテに住むシモンの子であったというくらいしか、彼のプロフィールはわからない。

ユダはいったい、どんな人物だったのか。なぜ、イエスを裏切ったのであろうか。

聖書によると、どうやらユダは**イエス一行の会計係**のような立場で、その財布を預かっていた金庫番だったらしい。だが、ユダはお金の管理に対して誠実ではなく、着服しているのではないかと、仲間から疑われていたようである。

そして前述したとおり、銀貨三十枚と引き換えにイエスを売り渡してしまった。裏切り者のユダはイエスの死後、自身もまた死への旅路へと向かう。

だが、その死も曖昧である。「マタイによる福音書」では、首を吊って死んだと書かれているが、「使徒言行録」によると、身体が真ん中から裂けてハラワタが飛び散って死んだと書かれている。どちらにせよ、悲惨な最期を遂げている。

ユダの裏切りに関しては、大きな疑問がある。**神の子であるイエスは前もってユダの裏切りを知っていたのに、なぜ捕われの身になってしまったのか**。

神の子ならば、全てわかっていたはず。わかっていながら、甘んじて運命を受け入れたというのであろうか。隣人を愛せと言ったイエス自身が、自分の弟子をおとしめようとしたのだろうか。矛盾を感じるのは筆者だけではないだろう。

「ユダの福音書」がエジプトの洞窟から発見！

この疑問は、二十一世紀になって大きく進展する。

一九七八年、エジプト中部にある洞窟で、盗掘者がある写本を発見する。一九八〇年に、その写本はカイロの古美術商に売却されたが、盗難に遭ってしまう。そしてその二年後、再び古美術商がスイスで写本を見つけ、大学研究者に購入を勧めるが、買ってくれる人はいなかった。

そして古美術商は写本を銀行の貸金庫に、十六年間も保管してしまうのである。これにより、写本はさらに劣化してしまったと言われている。一九九九年になって写本はエール大学へと渡る。数奇な運命を経て、この写本の一部が**「ユダの福音書」**だということが、やっと判明するのだ。

発見された写本は二〇〇六年にその修復・復元作業が完了したが、劣化が激しく、全体の八五パーセントほどしか復元できなかったという。写本は四つの文書から構成されており、「フィリポに送ったペトロの手紙」「ヤコブ」「ユダの福音書」の三つと、損傷が激しく題名もわからない文書が一つであった。

「フィリポに送ったペトロの手紙」と「ヤコブ」は、一九四五年にエジプトで見つかった初期のキリスト教文書「ナグ・ハマディ写本」と同様のものだったが（「ヤコブ」はナグ・ハマディ写本では「ヤコブの黙示録一」という題名の写本）、**「ユダの福音書」は歴史上初めて確認された大発見**だった。

そう、ユダも福音書を残していたのである。

「ユダの福音書」は西暦二世紀には成立していたと考えられており、見つかった写本は二二〇～三四〇年頃に書かれたものだとわかっている。裏切り者の烙印ゆえか、この福音書の存在は永きにわたって隠蔽され、いつしかその存在すら忘れられてしまっていたのだ。

ユダはイエスを裏切っていなかった!?

では、その内容はどのようなものなのだろうか。

他の福音書と同様に、世界の始まりやイエスの教え、審判の日などについて書かれている。

新しいところでは、人間は**「聖なる世代」**と**「人間の世代」**に分かれているというイエスの教えである。「聖なる世代」とは肉体が死んだ後、魂は死なずに天へ引き上げられ、「人間の世代」は肉体が死ぬと魂も死ぬというのである。

だが、最も注目すべきは**ユダの裏切りの真実**である。これは福音書の結末に書かれている。

「最後にイエスはユダに対し、**『お前は神の私を包むこの肉体を犠牲とし、すべての弟子たちを超える存在になるだろう』**と告げる。ユダは聖なる種族と共に永遠の王国へと引き上げられるのである」

この文書によると、実はユダはイエスの弟子たちの中で最も重要な真理を授かっていたのである。そして件の裏切りも、**イエスから主導されていた**と書いてあるのだ。

「ユダの福音書」によれば、**ユダはイエスを裏切ったのではなく、ただイエスの言い**

つけに従っただけなのだ。

だが、ユダはその後、悲惨な最期を遂げる。

イエスの思惑どおりに動いたのであれば、このような結果にならなかったはずなのだが、これさえもイエスの計画どおりだったのであろうか。

自殺であるならば、キリスト教では一番の禁忌。イエスの語った、〝永遠の王国〟へは行けないはずである。

はたしてどこまでがイエスの計画どおりだったのか。

「ユダの福音書」の発見で、彼の裏切り者の汚名はそそぐことはできたが、さらなる謎が生まれてしまったようである。

5章

『聖書』をめぐるミステリアスな話

……今も世界中で起きている「不思議」と「奇跡」

1 「ノアの方舟」の残骸をトルコのアララト山で発見!?

これまで『聖書』の概要、「外典」や「偽典」などに封印されたエピソードを紹介してきた。

本章では、**聖書をめぐる都市伝説的な、ミステリアスな話**を紹介していこう。

さて、**「世界は一度滅びた」**という説がある。それは、五千年から六千年前に起こった大洪水が原因だ言われている。確かに大洪水は『旧約聖書』の「創世記」に記されていて、「ノアの方舟」伝説として後世に語り継がれている。

だが、これが伝説ではないという証拠がいくつも発見されている。

たとえば、方舟が漂着したとされる場所、現在のトルコにあるアララト山（標高五千百三十七メートル）に、**化石化した〝方舟〟の残骸らしき遺物が横たわっているの**

だ。

そこは、アララト山北西部斜面の「アホラ・ゴルジェ」と呼ばれている海抜四千七百メートルの地点である。

アメリカCIAが〝巨大な船体〟を確認

発見されたのは、まったくの偶然からだった。

一九四九年六月、アララト山上空で飛行調査を行なっていた米空軍機が、山の東方で雪崩を観測した際、崩れた斜面に露出した異常構造物を発見した。報告を受けたCIA(中央情報局)がさっそく調査すると、**〝巨大な船体〟**を確認し、**「アララト・アノーマリー(異常物)」**というコードネームをつけた上で、衛星写真撮影および分析を行なったのだ。

この事実は、一九九五年三月十四日、情報公開法に基づく開示請求によって、当時撮影された二枚の写真や資料を「DIA(防衛情報局)」が公開したことによって明らかになっている。

実際に方舟を発見し、その船体の一部を切断して持ち帰った人物もいる。フランスの探検家フェルナンド・ナヴァラである。

一九五五年七月五日、ナヴァラは、アホラ・ゴルジェの氷床下十二メートルの地点で化石化した船を発見。木片を切り出した。木片は長さ一・五メートル。明らかに加工された跡がある。材質はイトスギで、年代測定の結果、約五千年前のものだという数値がはじき出された。

公開されたノアの方舟の衛星画像

二〇〇六年四月、ワシントンDCに本部を持つ国際的シンクタンク・国際戦略研究センターの研究員、ポーチャー・テイラーが、人工衛星によって撮影した、「ノアの方舟」と見られる高解像度写真を一般公開した。

件の物体は、やはりアホラ・ゴルジェにあり、画像を見るかぎり、確かに不可思議な影があるのがわかる。

「あの奇妙な物体は、氷河の稜線でも岩でもない。まぎれもない人工物。すなわちノ

トルコのアララト山中で発見された
「ノアの方舟」（楕円で囲まれた部分）と見られる衛星写真

アの方舟だ」

と、テイラーは主張。ちなみに、旧約聖書によれば方舟のサイズは長さ約百三十五メートル、幅約二十三メートル、高さ約十四メートルとなっている。一方、撮影された物体は長さ百三十八メートル、幅二十三メートル、高さ十四メートル。

テイラーは、**物体の縦横比率がほぼノアの方舟と合致**しているとし、今後打ち上げられる民間の商用画像衛星など各方面にさらに協力を求めると話している。

もし、ノアの方舟の存在が実証されれば、聖書の記述も大洪水の物語も事実だったことになる。これは歴史を塗り変える一大事だ。続報に期待したい。

2 キリストの全身像が転写された!?「トリノの聖骸布《せいがいふ》」

「聖骸布《せいがいふ》」と呼ばれる聖遺物がある。

イエス・キリストの遺体を包んだとされる亜麻布のことだ。十四世紀にフランスで発見された後、あちこちに移動し、カトリック教徒たちの間で信仰を集めていたが、一九八三年にヴァチカンのローマ法王が所有権を得た。以後、トリノの聖ヨハネ大聖堂で保管されていることから、通称「**トリノの聖骸布**」とも呼ばれている。

磔刑に処せられたイエスが、亜麻布に包まれて埋葬される直前の様子を、「ヨハネによる福音書」はこう記している。

「ヨセフは行って遺体を取り降ろした。そこへ、かつてある夜、イエスのもとに来たことのあるニコデモも、没薬と沈香を混ぜた物を百リトラばかり持って来た。彼らは

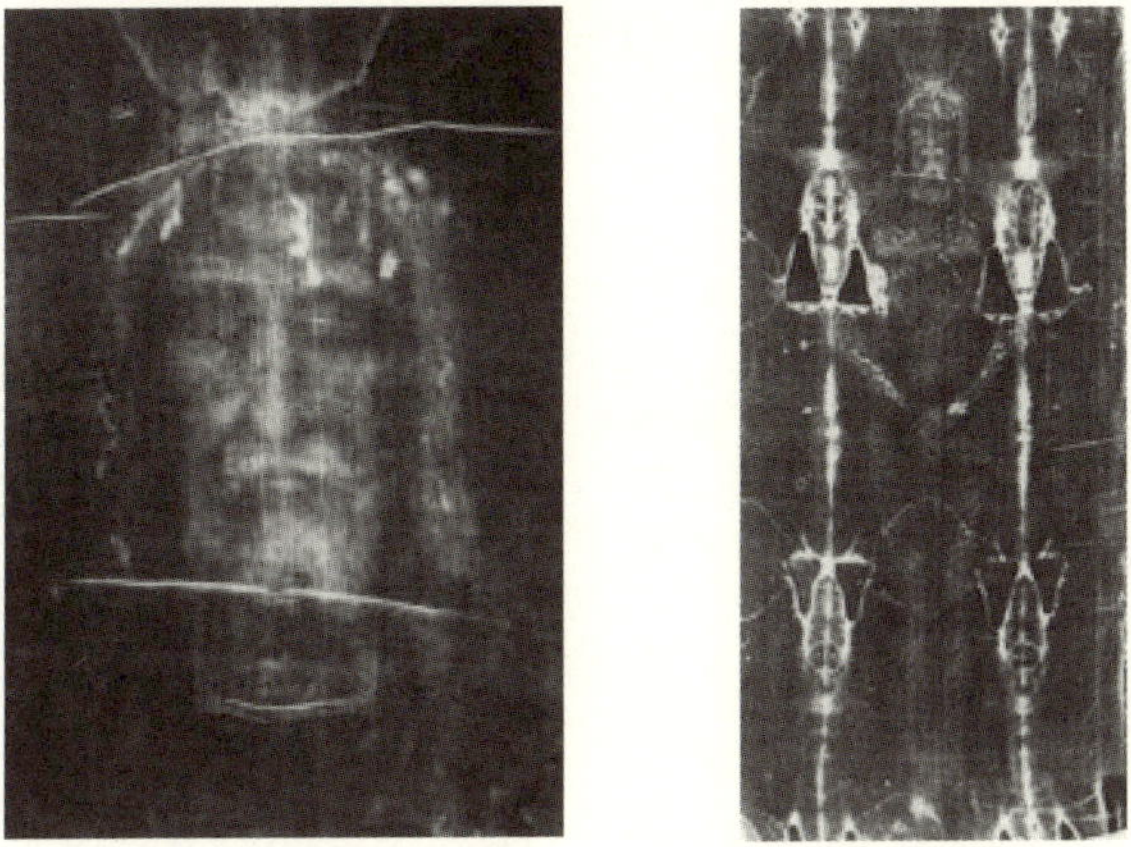

トリノの聖骸布。はたしてキリストの肖像なのか？
左図は頭部の拡大

イエスの遺体を受け取り、ユダヤ人の埋葬の習慣に従い、香料を添えて亜麻布で包んだ」

聖骸布は、聖書の記述どおり、亜麻布製で、長さ約四百三十六センチ、幅百十センチ、厚さ〇・三ミリである。この布に、**人間像が刻印されているの**だ。

布には二本の線（火災にあった時の焦げ痕）に挟まれる形で、二つの人間像がうっすらと浮き出ている。それは裸体の男性の正面像と背面像で、遺体の背面部を布の下半分に寝かせ、布の半分をたたんで正面部にかぶせたと考えられる構図なのである。

この聖骸布が正史にはじめて登場するのは、一三五三年。最初の所有者であるジェフロワ・ド・シャルニがフランスのリレーに聖堂を建立し、「キリストの真の聖骸布」として一般公開した。

聖骸布に浮かぶこの人間像は、はたしてイエス・キリストの肖像なのか。それとも後世の偽造なのか。以降、キリスト教史のなかでも最大級の謎の一つとして、長年、論争が続けられている。

亜麻布に残されていた「磔刑の傷跡」

一八九八年五月二十八日、写真家セコンド・ピアによって、はじめて聖骸布が写真撮影され、これまで輪郭があいまいだった姿がくっきりと浮かび上がった。端整な顔。長髪。濃い口ひげと顎ひげ。身長百八十センチ強のたくましい肉体。腰の前で交差された長い手……。それはまぎれもない肖像写真だった。

しかも、ピアが使用した感光板はネガ（陰画）であるはずなのに、写っているのはポジ（陽画）。聖骸布そのものが写真のネガ状態になっていたのだ。実物大のネガフィルムだったということなのである。

一九三一年五月、プロ写真家ジュゼッペ・エンリエによって、より鮮明な写真が十二枚撮られた。この写真をもとに、フランスの解剖医ピエール・バベルなど多くの医学者が詳細な分析を行なった。

その結果、**聖書に描写されているイエスの処刑時の模様を立証するような傷と血の跡**が、聖骸布の人物像にも存在することが確認されたのである。

つまり、茨の冠をかぶせられたためにできた額上部と後頭部の傷。多数の鞭打ちの傷と、顔を殴られた時にできた右目下の打撲傷。十字架に釘で打ちつけられた時にできた手首と足の傷と血の跡。さらには、槍で突かれた右脇腹の傷と、亜麻布で遺体を包む時に、その脇腹の傷から背中に流れ出た血の跡などだった。

こうした共通点から判断すれば、聖骸布にネガで刻印された人物はイエス・キリストだと考えざるをえなくなる。

だが、これはあくまで写真から得られた情報にすぎず、決定打ではなかった。

そこで一九七三年十一月、聖骸布から十七本の糸を抜き取って検査したところ、顔料や絵の具を使った形跡がまったくなかったため、**画家が描いたという偽造説が否定**された。

その後一九七六年、聖骸布に付着した埃が分析され、パレスチナだけにしか生育せず、現在では絶滅した植物の花粉が発見されたのだ。聖骸布の人物像がイエスの肖像写真である可能性が一段と高まったのである。

NASAも「聖骸布」の解明に乗り出した!

一九七七年、NASA(米航空宇宙局)も聖骸布の謎に挑戦した。

NASAは、「V-8」というマイクロコンピューターを内蔵し、二次元映像を三次元像に変換できる最新の映像分析機を使用した。その結果、**見事な立体像が浮かび上がった**。これは絵画では、絶対に起こりえないことである。

さらに一九七八年に行なわれた科学的検査では、布の血痕と思われる部分が毛細管現象(繊維と繊維のすきまのような細い空間を重力などに関係なく液体が浸透していく現象）を起こしており、それが**人間の血液である**ことが確認されたのだ。

一連の科学的な調査・分析で、聖骸布本物説が有力視されるようになったが、謎はまだ残っている。それは、像が布上に形成されたメカニズムである。

これまで、埋葬時に使用された香料などの「化学反応説」、念写という「超常現象説」、イエス復活時、体内から〝未知のエネルギー＝放射線〟が放出され、布に刻印されたという「核閃光説」、万能の天才レオナルド・ダ・ヴィンチの手になる世界初の写真、つまり「偽造説」などが唱えられてきたが、万人を納得させる定説は、まだない。

二〇一一年四月十日、ヴァチカンは聖骸布をトリノの大聖堂で公開したが、真贋論争は今でも続いている。**次に公開されるのは二〇二五年**だが、それまでには聖骸布がイエスを包んだ布だと断定されるのか、あるいは謎の人物が刻印された亜麻布のままで終わるのか、興味は尽きない。

3 現代医学では説明がつかない！世にも奇妙な〝聖痕〟現象

ゴルゴタの丘で十字架にかけられたイエス・キリストが釘を打たれ、槍を受けたのと同じ箇所……手や足、胸や脇腹などに突然、傷が現われ、頭には茨の冠の痕が浮かびあがり、出血する現象を**「聖痕」現象**という。

この不可思議な現象に遭遇した人の数は、決して少なくない。十三世紀イタリアの修道士、**アッシジの聖フランチェスコ**をはじめ、現在までになんと四百件以上も報告されている。

たとえば、ドイツの聖女テレーゼ・ノイマンの場合、その現象は激烈だった。彼女は敬虔なカトリック信者だったが、事故と重い病気のために若くして視力を失い、寝たきりになってしまった。

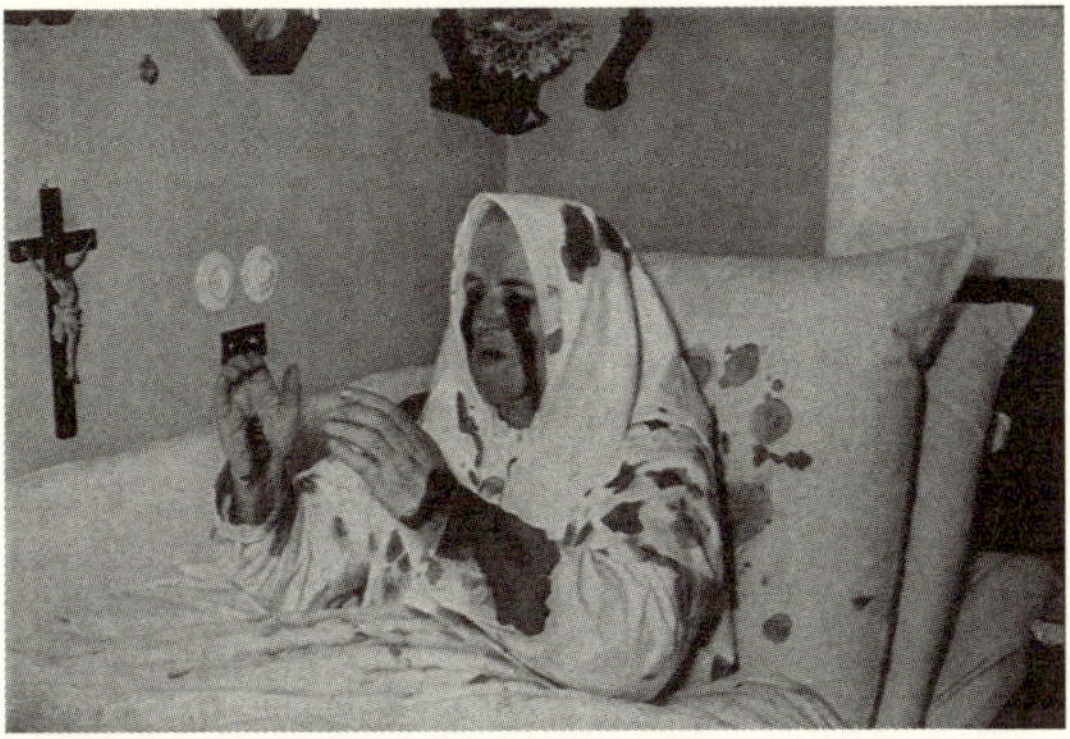
キリストの受難日に聖痕から血を流す聖女テレーゼ・ノイマン

一九二六年十一月、彼女が二十八歳の時、ベッドの中でイエス・キリストを幻視する。意識が戻った時には脇腹が裂け、血が流れ出ていたという。以後、**キリストの受難日**になると、いっそう激しくなり、出血は両目、両手の甲、両足、額にまでおよんだ。

さらに一九二八年三月八日、聖痕が肩に生じて以来、テレーゼは**キリストの啓示**があったとして、何も飲まず、何も食べない生活に入る。医者の監視下に置かれていたが、その傷ができた原因はまったくわからなかったという。一九六二年に亡くなるまで、テレーゼは聖痕を背負いながら、至福と苦難の日々を生き続けたのである。

イタリアのジョルジョ・ボンジョバンニ

（当時二十五歳）も敬虔なカトリック信者で、彼もまた両手、両足、胸などに聖痕が現われた。

一九九三年に彼を診察したロビゴ大学の精神医学部長スターニス・プレビアード博士は、「はじめは自分でつけたのかと思ったが、角度から見ても、それには無理がある」と語った。やはり彼を診察した他の医師たちも、「現代医学では説明がつかない」と驚嘆した。

ボンジョバンニによれば、一九八九年にはじめて**聖母マリアの姿を見た瞬間、傷口ができたという**。その後、彼はマリアの指示で世界中を旅し、メッセージを伝えている。それだけではない。各地でトランス状態になって聖母マリアと話し、なんと人々の**不治の病を治すなどの奇跡**も起こしているのだ。

ローマ法王庁から〝奇跡の顕現〟とお墨つき！

ところで、聖痕は敬虔なキリスト教信者だけに出るとは限らない。

一九七二年、アメリカのクロレッタ・ロビンソン（当時十歳）は、当初、それほど深い信仰心を持っていなかったが、聖痕が現われ、血が流れ始めた。しかも、不思議なことに傷口がどこにも見あたらず、医師も傷口を特定できなかったという。

それにしても、いったいなぜこんなことが起こるのか？

どのようなメカニズムで発生するのだろうか？

ローマ法王庁は、こうした現象を**「奇跡の顕現」**と見なし、二つの見解を表わしている。

一つは、**「信仰心の深い者に神から与えられた御印である」**というもの。もう一つは、**「傷による苦痛によって人が精神的に成長するために、神が聖痕を与えている」**というもので、どちらも神の力に依存した見解である。

その一方で、催眠実験の記録などから、人間自身に内在する信仰の力、すなわち強烈な自己暗示が原因だと唱える心理療法家も存在する。

いずれにしても、聖痕現象は**「神の存在を感じさせる奇跡」**として、多くの人々をキリスト教信仰に導いていることは事実である。

4 衝撃！　朝鮮戦争中に姿を現わした キリストの神々しい姿

時は一九五〇年十一月、その年の六月に始まった戦争は、朝鮮半島の覇権をめぐる韓国側と北朝鮮側との激しい戦いで一進一退を繰り返し、韓国の首都ソウルの上空も空中戦の戦場となっていた。

「あ、あれはイエス・キリスト⁉　まさか⁉」

激しい空中戦を終えて基地へ帰還途中、従軍していた米空軍所属のB－29戦略爆撃機のパイロットが、太陽が沈みかけた北西の空一面に広がるその神々しい姿を見て、驚愕した。

そこには、肩まで届く長い髪、ローブのような衣服を身にまとったその姿、**両の手を広げた巨大なイエス・キリストの姿が現出**していたのだ。

神の子イエスを目の当たりにしたパイロット以下乗員たちの驚きは、大変なものだ

1950年11月、朝鮮半島上空に現出したイエス・キリスト

った。キリストの姿は、驚愕から立ち直った乗員の一人がカメラを取り出して撮影した後、雲に同化するように薄れていき、やがて見えなくなったという。

「奇跡だ！」

パイロットがつぶやいた。乗員たちは、だまってうなずいた。

キリストは、兵士たちに、いったい何を告げようとしていたのだろうか？

イエスの聖像・聖画に起きる流血現象

人間の〝聖痕〟ばかりでなく、イエス・キリストの聖像や聖画にもまた、**奇怪な流血現象**が起こっている。その典型的でショ

モスクワ近郊、オレンブルグ村の
労働教会の「血を流すイエスの聖画」

ッキングな実例を紹介しよう。

二〇〇〇年十二月十四日、ロシアの首都モスクワ近郊のオレンブルグ村にある労働教会で奇跡は起きた。安置されているイエスの聖画が、突然漂い始めた芳香の中、額から血を流したのである。

驚きながらも見守る司祭の前で、血はみるみるうちに大量に流れ出し、顔から胸全体を赤く染めあげていった。その出血現象が止まった現在、凝固した血は無気味な暗褐色のかさぶたとなっている。ちなみに、この血は人間のものであることが証明されている。

一九九五年三月、ボリビア、コチャバンバの町にあるイエス・キリスト像も額から出血し、血の涙を流している。この奇跡の瞬間は、ビデオにも撮影された。流れ出た血は、アメリカおよびオーストラリアのさる検査機関で検証された結果、ヒト型DNA配列を持つことが判明。CTスキャンにかけられたイエス像の内部は石膏で満たされており、何の仕掛けも存在していなかった。

また、二〇〇三年三月、インド、ゴア地区の近辺にある小さな村アンボラ・カムリンの民家に飾られていたイエスの聖画も血の涙を流した。住民によると、**はじめは普通の涙だったが、突然、血の色に変化した**という。

二〇〇四年四月、アメリカ、アラスカ州マーシャル郡ユーコンリバー村の聖マリー教会で起きた奇跡は少し変わっていた。安置されている十字架像が出血したのだが、それはイエスが磔刑に処せられた際に責め苦を受けてできた傷痕、いわゆる〝聖痕〟と同じ場所からであった。

噂を聞きつけた信者たちが多数押しかけ、奇跡現象を目の当たりにしたのである。

5 〝血の涙〟を流して世を憂う!? 聖母マリアをめぐる奇跡

さらに、**聖母マリアが、その姿を人々の前に現わす**という奇跡現象が起こっている。

一九六八年四月二日にエジプト、カイロ近郊の町ザイトウンの聖マリア教会に起こった奇跡は、約二年以上にわたったため、写真に記録が残された数少ない例である。

その奇跡とは、教会の上空に白色に輝き、青白く薄い光に包まれた人影が現出したのだ。見守る人々に対し、常に頭を垂れたその姿……まごうかたなき聖母マリアの姿が現われたのだ。

実はこのザイトウンは、かつてイエスの父母、ヨセフとマリアがヘロデ大王の迫害を逃れて隠れ住んだ地であった。

さらに、一九二五年にこの教会が建築される際に、人々の前に突如、聖母マリアが現われ、「近い将来、再び姿を現わす」と約束したともいう。聖母マリアの出現は一九七〇年まで続いたが、現在は残念ながら見ることはできない。

〝血の涙〟の成分分析の結果は……？

カトリックの信者にとって、**聖母マリアは慈愛の象徴**である。そのマリアの聖像や聖画が、あたかも**世を憂うかのように、血の涙を流すという奇跡の現象**が、世界各地で起きている。

二〇〇三年三月十七日、ベネズエラの首都カラカスにある学校に付設された教会のチャペルでも、その奇跡は起きた。ガラスケースに安置されたマリア像が、血の涙を流したのである。この教会のシスターたちは、「**血の涙は、当時起きていたイラク戦争に対する、聖母マリアの憂いの涙だ**」と信じている。

イタリアの港湾都市チビタベッキアの民家の庭に置かれたマリア像の場合は、一九九五年二月二日、突然、血の涙を流し始め、三月十五日までになんと十四回も血の涙

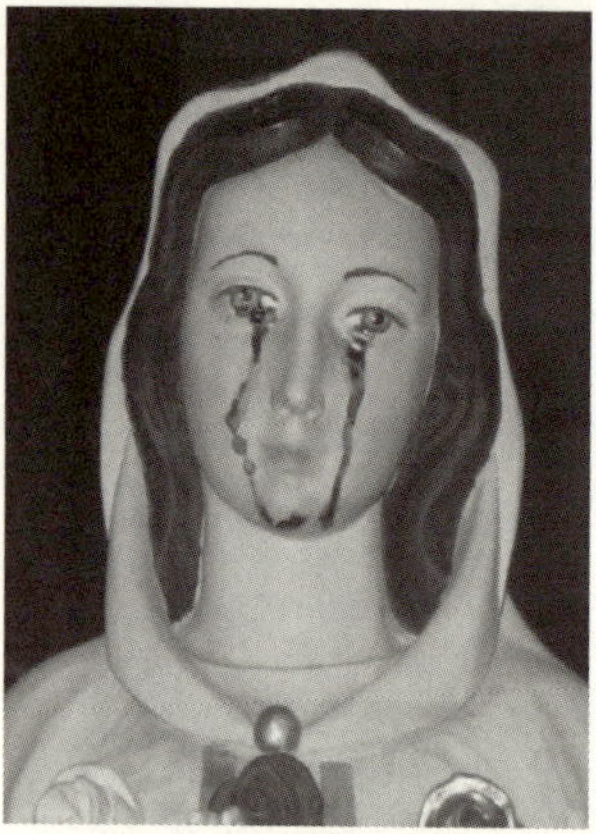

世界各地で聖母マリアが
「憂いの涙」を流している

を流したそうだ。

この奇跡の謎を解くべく、神学者や歴史学者、医学博士らの調査団が二〇〇五年に至るまで、十年間にわたって綿密な調査をしたところ、像からは血の涙が流れ出すような、いかなる種類の穴や空洞、装置も発見されなかった。

ちなみに、この**聖母マリアが流した涙は、なんと人間の男性の血**であったと判明している。

二〇〇三年五月三日には、イタリア、プーリアのピエトロ神父が保管する聖母マリアの聖画も突如、血の涙を流した。一年後の二〇〇四年五月二十七日にも、同様の事件は起きた。

この時、神父はハンカチで血を拭き取り、サンプルとしてボローニャ大学の研究室に、成分分析を依頼した。その結果、涙はAB型の男性の血液であると判明した。だが、さらに奇妙なことに、Y染色体で見つかった遺伝子の配列は特殊なもので、現在わかっているものとは、まったく一致しないという。

難病が治った！　聖母マリアの「奇跡の油」とは

血の涙だけではない。**「癒しの油」**を流すマリアの聖画も存在する。

アメリカ、マサチューセッツ州ウースター、サント家の聖母マリアの絵が、奇跡の油を流すと評判になったのだ。実は、この奇跡には絵の持ち主でもある娘のオードリー・サントのパワーも加わっている。

一九八八年、三歳の時、医療事故から目と指を動かせるだけになったオードリーは、母親に連れていかれたボスニア・ヘルツェゴビナの**メジュゴリエ村**（聖母マリアの降臨地として世界的に知られている）で、聖母マリアと出会い、それ以降、**自らが人類の犠牲となることを条件に、奇跡を体現する力を得た**のだ。

その後、自宅に飾ってあるマリアの聖画に彼女が手を触れて以来、聖母マリアが油を流すようになったのだ。聖なる油はマヒした足などの患部に塗ると、なんと即座に治癒するという奇跡のパワーを発揮した。

分析の結果、聖油の成分はパルミチン酸、オレイン酸、リノール酸の四種類の脂肪酸であることは明らかになったが、油がどこから出現するのか、またその治癒力が何に由来するのかについては不明で、〝奇跡〟としか説明できなかった。

二〇〇七年、オードリーは二十三歳の若さで亡くなったが、その部屋には変わらず、目から「癒しの油」を流すマリアの聖画がある。サント家には、今でも〝**癒しの奇跡**〟を願う人々が絶え間なく訪れている。

6 世界支配を可能にする神秘のパワー「聖槍ロンギヌス」

聖槍ロンギヌス——。

それは、エルサレムのゴルゴタの丘で、ローマ兵の百人隊長ガイウス・カシウス・ロンギヌスが、磔になったイエス・キリストの脇腹を刺し貫いた槍である。この槍は、アダムから数えて八代目の子孫、トバル・カインという鍛冶師によって鍛えられたものだとされる。

不思議なことに、この槍は、決して刃こぼれも錆びもせず、穂先は常に鋭さを保ち続けたというが、唯一、イエスの体を刺し貫いた時、割れてしまい、後にイエスの手足に打ちつけられた釘を使って補強されたという。

イエスを貫いて以後、槍には、**手中にした者が強大な力を得、世界支配を可能にするという神秘的な〝フォース＝目に見えない力〟が秘められたという。**

ただし、この〝フォース〟を授かるには、所有者自身が**「槍に秘された叡智を理解する」**という条件がついていた。邪悪な目的で使用すると、所有者には「死と破滅」が待っているのである。

ヒトラーの〝スピード出世〟の陰にも「聖槍」の力が⁉

一九三八年。ナチス・ドイツがオーストリアを併合した時、ウィーンのホーフブルク宮殿宝物館にあった「聖槍」は、ヒトラーが所有することになった。

実は、ヒトラーは十八歳の時すでに、このロンギヌスの槍と宝物館で対面していた。当時、めざしていた美術学校には入学できず、最愛の母を失い、失意の中にあった。

その時、**ヒトラーは「槍の声」を聞いた**という。

(……望みを失ったら、私を思い出せ。お前は世界を支配するだろう……)

ヒトラーはその声を信じて、ドイツ労働者党(ナチスの前身)に入党。一九三三年にはドイツ首相の座に登りつめる。

ヒトラーが一介の伍長にすぎなかった第一次世界大戦の終結から、わずか十五年後のことである。この**驚くべきスピード出世**には、やはりロンギヌスの槍の力が働いていたのだろうか。

槍を手にしたヒトラーは、新たな野望を抱いた。それは槍の持つ「秘めたる叡智」を理解し、真の所有者となることだった。そのためヒトラーはSS（ヒトラーを護衛した親衛隊）の精鋭を集め**「聖槍の騎士団」**を結成。古代の叡智を称えるさまざまな儀式を行なったという。

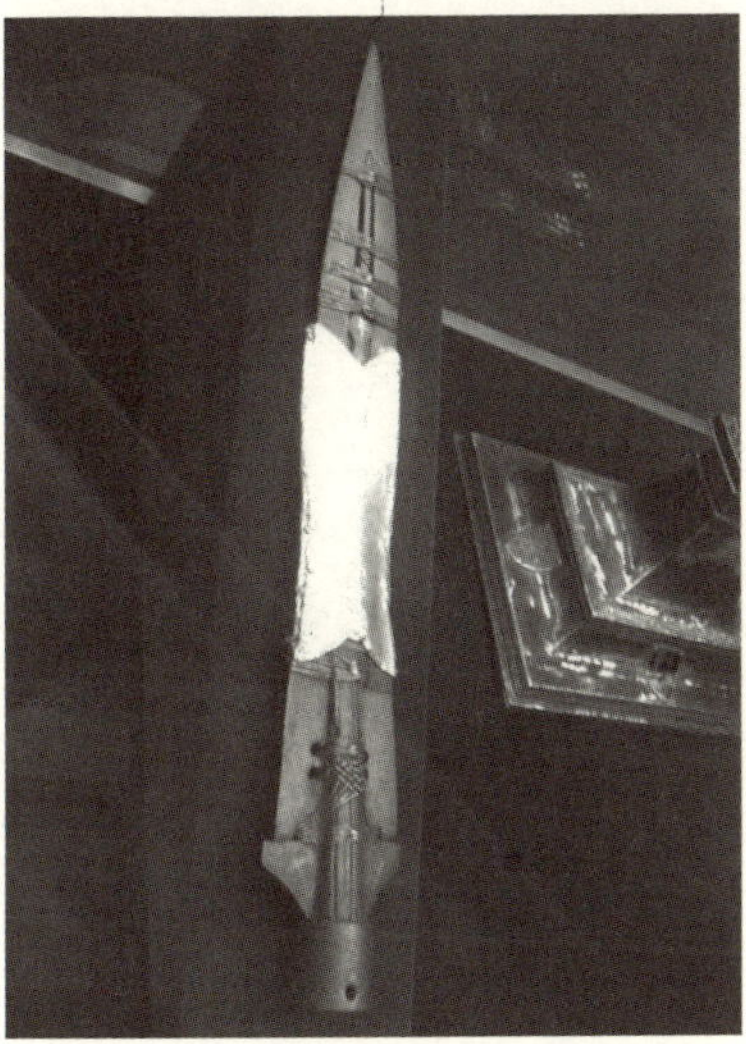

ウィーン王宮宝物館に展示されている
「聖槍ロンギヌス」のレプリカ

聖なる槍は〝南極〟に秘匿!?

しかしヒトラーは、秘めたる叡智には到達しなかった。一九四五年には連合軍にジークフリート線を突破され、戦況の悪化が決定的なものになると、ヒトラーは槍を振り上げ、叫んだ。

「これを連中に奪われてなるものか……！」

たとえわが身は滅びても、誰かが遺志を継いでドイツ王国の復興を成し遂げてくれるに違いない。そう信じたヒトラーは、**聖なる槍が誰にも奪われぬよう、秘匿する覚悟**を決めたのだ。

その**作戦名は「ワルキューレ・ツバイ」**。

目的地は**南極**。

そこに聖なる槍を秘匿するのが目的だったのだ。

命運尽きたヒトラーは死に、ナチス・ドイツは終焉を迎えるが、敗戦を目前にして、作戦は急速に動き出した。一九四三年には、南極にあった氷の洞窟に鋼鉄の扉が取り付けられる。槍の隠し場所がこうして確保された。

その二年後、槍はその他の秘宝と共に青銅の箱に納められる。そして潜水艦U－530に積み込まれ、南極をめざしたのだ。

こうして、**「聖なる槍」はUボートで南極の秘密洞窟に隠蔽**された。

一九七九年、かつての「聖槍の騎士団」統括者ルドルフ・ヘスが自殺する前に残した命令で、**「新聖槍の騎士団」**が再結成され、密かに槍が回収された。

槍を手にした「新聖槍の騎士団」の実体は不明だが、「ヨハネの黙示録」にある世界の終末における戦い「ハルマゲドン」が勃発し、世界が未曾有の大破局を迎えた時、「聖槍ロンギヌス」をふりかざし、「ヒトラーの亡霊＝ラスト・バタリオン（最後の大隊）」として、この世に姿を現わすという。

この一連のストーリーは、戦後五十年を経て、聖槍の秘匿作戦に従事した乗組員の生き残り、ウィルヘルム・ベルンハルトが残した手記によって明らかになったものである。

7 「外典」「偽典」が記す〝終末の時〟は二〇四三年！

聖書というのは、実は、**神の「計画書」**であると同時に、神が仕掛けたその「計画」が着々と進んでいることを示す**「預言の書」**だとも言われている。

たとえば、旧約聖書の外典「エズラ記」や「バルク書」には、**〝人類の終末〟**の際に起こるという〝天変地異〟が、詳しく描写されている。

気になるのは、その〝終末〟が具体的に「いつやってくるのか？」である。

その謎を解く鍵は、**「ヨベル」という、預言者モーセが神から啓示を受けた歴史の数え方**にある。

それは、七×七（＝四十九）年を一ヨベルとして、周期完了の第五十番目を「ヨベルの年」（大解放年）として聖別するものだ。

「ヨベルの年」には、奴隷も、借地も、負債も、全てが解放される。悪に拘束されていた「神の民」が救出され、世界が本来の所有者である神に戻されるという、聖書の預言を象徴しているのだ。

問題は、**ヨベルの起点**である。歴史上のどこでもいい、「ヨベルの年」が一つでもわかれば、あとは四十九の倍数で判別できる。その一つの起点として、イスラエルの父祖であるアブラハムが神と交わした契約の年を想定することができる。そして、中央のヨベルをキリスト磔刑の年（西暦三三年）とする。

この条件で「ヨベル書」に記された四十九年ごとの区切りを追っていくと、**西暦二〇四三年が「終末の時」**と設定できるのだ。

〝世界最終戦争＝ハルマゲドン〟後に至福の千年王国が訪れる!?

聖書の「ヨハネの黙示録」は、終末の時、**〝世界最終戦争＝ハルマゲドン〟**が起こる、と告げている。そして、その戦いの行なわれる地がどこにあるのかもである。

イスラエルのハイファ港近くに、広大な谷間がある。そこを見下ろすかたちで丘がある。その丘はまた、地中海からヨルダン川に至る聖地を横切るエズレルの大平原の一角にも位置している。

この丘は〝**メギド**〟と呼ばれている。メギドとは〝**皆殺し**〟を意味する。メギドの丘の登り口には、

「聖書によれば、この地で人類最後の戦争があると言われている」

と無気味な文句が書かれた案内板が立っている。つまり、ここが〝**世界最終戦争＝ハルマゲドン**〟**の最後の決戦場**になるというのだ。

そのハルマゲドン後の世界に、正義と邪悪、つまり善と悪の者が現われる。それが預言どおり再臨する「イエス」と、これを迎え討つ「アンチキリスト」だ。そして、双方の決着をつける鍵となるのが、その日に復活する**「契約の聖櫃＝アーク」に秘された超絶的なフォース**だという。

この〝アーク〟を手にするのが、〝真のメシア＝イエス・キリスト〟だ。ハルマゲドン後の新世界は、イエス・キリストが支配する平和に満ちあふれた至福の**「千年王国」**が到来するという。破滅した人類は、「復活・再生」し、驚くほど「長命」にな

り、さらには**「大いなる霊的進化を遂げる」**と預言されている。

「ヨハネの黙示録」は、新しい天と地について、こう記している。

「私はまた、新しい天と地を見た。最初の天と最初の地は去っていき、もはや海もなくなった。更に私は、聖なる都、新しいエルサレムが、夫のために着飾った花嫁のように用意を整えて、神のもとを離れ、天から下って来るのを見た」

この記述を解釈するなら、現在の天と地がなくなり、地球そのものが別天地として生まれ変わってしまうようだ。

「新しいエルサレム」の中で、**人類は〝新たな存在〟として生まれ変わる**のかもしれない。

●参考文献

『聖書　新共同訳　旧約聖書続編つき』（日本聖書協会）、『新共同訳　聖書辞典』（キリスト新聞社）、『旧約新約　聖書大事典』（教文館）、『旧約新約　聖書時代史』山我哲雄　佐藤研著（教文館）、『新約聖書の誕生』加藤隆著（講談社選書メチエ）、『聖書の世界 総解説』（自由国民社）、『キリスト教を知りたい。』（学研パブリッシング）、『キリスト教をもっと知りたい。』月本昭男監修（学習研究社）、『図説　地図とあらすじでわかる！聖書』船本弘毅監修（青春出版社）、『聖書の名画はなぜこんなに面白いのか』井出洋一郎著（中経出版）、『図解 聖書』大島力著（西東社）、『面白いほどよくわかる聖書のすべて』ひろさちや監修／中見利男著（日本文芸社）、『早わかりキリスト教』宮越俊光著（日本実業出版社）、『面白くてよくわかる！聖書』月本昭男著（アスペクト）、『旧約聖書（図解雑学）』雨宮慧著（ナツメ社）、『あらすじとイラストでわかるキリスト教』知的発見！探検隊著（イースト・プレス）、『この一冊で「聖書」がわかる！』白取春彦著（三笠書房　知的生きかた文庫）、『この一冊で「宗教」がわかる！』大島宏之著（三笠書房　知的生きかた文庫）、『新約聖書外典』荒井献編（講談社）、『原典ユダの福音書』ロドルフ・カッセル編著（日経ナショナルジオグラフィック社）、『ユダの福音書を追え』ハーバート・クロスニー著（日経ナショナルジオグラフィック社）、『ナグ・ハマディ文書Ⅱ福音書』荒井献ほか訳（岩波書店）、『ユダヤ教の本』（学習研究社）、『まんがとあらすじでよむ聖書』島田裕巳監修（宝島社）、『5分ですっきり読める聖書物語〈旧約篇〉』阿部包監修（成美堂出版）、『ダ・ヴィンチ・コード』ダン・ブラウン著／越前敏弥訳（角川書店）、『エクソシストとの対話』島村菜津著（小学館）、『図解　いま聖書を学ぶ』曽野綾子著（WAC）、『封印された《死海文書》の秘密』K・V・プフェッテンバッハ著／並木伸一郎訳編（ロングセラーズ）、『封印された「モーゼ書」の秘密』K・V・プフェッテンバッハ著／並木伸一郎訳編（ロングセラーズ）、『封印された【黒聖書《アポクリファ》】の真実』並木伸一郎著（ロングセラーズ）、『ヒトラーとロンギヌスの槍』ヴィルヘルム・ベルンハルト著／並木伸一郎訳編（角川春樹事務所）

本書は、本文庫のために書き下ろされたものです。

眠《ねむ》れないほどおもしろい「聖書《せいしょ》」の謎《なぞ》

著者　並木伸一郎（なみき・しんいちろう）
発行者　押鐘太陽
発行所　株式会社三笠書房
〒102-0072 東京都千代田区飯田橋3-3-1
電話　03-5226-5734（営業部）03-5226-5731（編集部）
http://www.mikasashobo.co.jp
印刷　誠宏印刷
製本　宮田製本

 ISBN978-4-8379-6605-0 C0114

王様文庫

王様文庫

眠れないほどおもしろい雑学の本

J・アカンバーク
野中浩一［訳］

あくびはなぜ伝染するの？　人間はなぜ眠らなければならないの？　この素朴な質問に答えられますか？　わかっているつもりが、じつは知らないことがたくさん。まわりの身近な「不思議」な疑問に答えた、楽しくなる雑学読本。今夜、あなたはもう眠れない……。

世界史の謎がおもしろいほどわかる本

「歴史ミステリー」倶楽部

聖書の中に隠された預言、テンプル騎士団の財宝の行方、ケネディ大統領暗殺事件、ストーンサークルなど、世界史の謎は尽きることがない。本書では、歴史的大事件の裏側や、謎の古代遺跡に隠された驚くべき真実に迫る。

眠れないほどおもしろい世界史「不思議な話」

並木伸一郎

おもしろ知識が盛りだくさん！　話のネタにも使える「世界史の本」！　＊世界の七不思議「ギザの大ピラミッド」は失業対策だった⁉　＊ナチス・ドイツが隠匿した財宝はどこに消えた⁉　＊ミイラづくりは古代エジプトの人気商売だった⁉　「意外な結末」が待っている！

K30208